U0369150

三花同学读博记

读博记

博士标准照

赵海乐 著

从报考到毕业的
实践指引

北京大学出版社
PEKING UNIVERSITY PRESS

前　言

在阅读本书之前，我想先向读者朋友提点儿问题：

（如果你有读博的打算但尚未下定决心）你担不担心自己想象中的博士生活和现实差距甚远？

（如果你正在读博）你觉得"读博"这事儿和你想象的是否一模一样？

（如果你已经博士毕业）如果让你回到读博前，你想对还没读博的自己说些什么？

（如果你是博导）你最想告诉你的博士生的是什么？

事实上，以上问题，也恰恰是我写这本书的原因所在：为打算读博以及正在读博的小朋友提供一本"剧透式"攻略。在数字技术高度发达的今天，我们哪怕是去淘宝买一条 99 元的裤子都要先看看买家秀；哪怕是去某网红景点一日游都得先翻翻小红书；但是，在读博这么大的事儿上，咋就非得贸然跳坑了呢！当然，有的人跳坑后体验还不错，机缘巧合、误打误撞、懵懵懂懂，居然也毕业了；但也有的人跳坑后体验却不咋地，各种不顺利、各种悔不当初，然后各种延毕……这充分说明，"不打无准备之仗"这句话在哪个领域都是对的，读博作为人生重要选择之一，当然且必须要做好攻略。

然而，一个同样现实的问题是，这攻略，究竟怎么做？通常的路径——问学长、看网帖、问老师——都会有其各自的局限性。"问学长"最大的阻碍在于，没有学长……或者，社恐的同学（想读博的同学中有相当一部分都"社恐"）根本不敢贸贸然去问完全不认识的学长。"看帖子"倒是社恐患者的不错选择，但是，至少在中文互联网当中，至今为止我尚未发现单帖 3 万字以上、详细回答读博相关各种问题的帖子。"知乎"倒是有类似于"读博是怎样一种体验"的问题和成百上千的答案，但是，读着读着你就会发现，里面大部分是诉苦帖，读了之后劝退效果极强。"问老师"倒是既客观又可靠，但是，问题在于，如果你身边真的有这么一位既了解你又欣赏你的老师，你就直接跟他读博好啦！还做啥攻略？此事可粗略类比为"你直接往用了三年的 Tony 老师面前一坐：我睡一觉，你随便剪！"其实我自己就是这种情况。读博之前，我爸（理工直男）坐了一千多公里火车，拎着我放到我导儿面前："我姑娘就交给您了，随便训！没关系！"于是，之后的四年，我的状态基本是：导师这个要求咋回事？不管了，先去做！然后做着做着就毕业啦。

综上，本书的存在，是为了回应读者朋友的一种需求：有读博的意愿或至少是想法，但基于现实条件所限无法获得可靠信息以辅助决策。在这种情况下，如果能够有一本书，从

"为什么要读博"到"你适不适合读博"再到"读博会遇到什么坑"完完整整地唠叨一遍，则此书至少能够起到一个"预警"或"避坑指南"的作用。在"知情同意"的情况下读博，即便在实际读书过程当中遇到种种不利情况，相信在心理上也更容易接受。这是我构思此书的初衷。从开始读博，到博士毕业入职高校，再到担任硕士生导师和博士生导师，我曾无数次向师弟师妹与学生们解释过读博当中的种种，甚至数次在吉林大学法学院开设关于读博生涯规划的讲座。讲座当中，通过与听众的互动，我深刻认识到，相当一部分小朋友对于读博这件事往往具有过于美好的想象，例如，"早上睡到自然醒、中午导师请吃饭、下午师姐教论文、晚上操场看星星"，而对于稿子屡投不中、大论文被导师组集体"围攻"等困难却认识不足。不仅如此，还有一位更加资深的博导在我招生之初就曾提醒过我："如果你感觉某个学生是个读博的好苗子，但学生的父母可能并不理解读博这件事，那在学生入学之前，你甚至可以召开线上家长会，预先申明未来的种种风险！"以上情形激励我，要把给师弟师妹与学生们咨询的内容以及面向广大本科生、硕士生开设讲座的内容写下来，让更多的人对读博"知情"。

当然，这本书的内容足够严肃，却并不必然以一种"面目可憎"的"教导主任"方式呈现。我完全相信"寓教于乐"一词，也相信哪怕是深奥的知识也可以通过轻松的方式展示。这也是本书以故事体或小说体的方式呈现的缘由。本书主人公三花同学，是我虚构出来的一名博士候选人。从想要读博到毕业，三花同学在无数的坑边徘徊过，但幸运的是总有人拉她一把，让她有惊无险地顺利过关并成功毕业。至于为啥给主人公起名为三花而不是"布偶""美短""英短"什么的？原因很简单，因为三花是中华田园猫啊。正如"读博不需要血统多么高贵"，三花同学同样不需要是品种猫。我们博士生群体都像中华田园猫那样皮实着呢！

P. S. 在此声明：此书不是我的自传，我不是三花，相信也不会真的存在一位博士生，啥都不懂且每每在坑边徘徊而不知道自己前面是个坑，但又每每幸运到"逢难呈祥"。（顺便说一句，此书名称也完全可以改为《有九条命的三花同学和拯救她的小天使们》。）三花同学其实是我的师兄、师姐、同学、学生等无数真实的博士候选人的集合。而把三花同学设计为女性，则是因为，本书作者（我）同样为女性，因此总感觉以男生视角去写书很可能写得不伦不类。当然，本书毕竟是读博避坑指南而非校园言情小说，因此，在绝大多数章节，请大家忽视三花同学的性别。男性读者朋友们也不用担心没有代入感。毕竟，三花同学在书中仅仅是各种问题的引子，她更多起到一个"导游"的功能。事实上，绝大多数博士生将要遇到的困难不分男女；绝大多数博导批评学生，也完全不会关心学生是男是女……唯一的区别可能是，男导师批评男学生，关起门以便给学生留面子；男导师批评女学生，开着门以便给自己规避风险。同理，本书背景地点"喵大"也不是我的母校（对外经济贸易大学）或工作地点(吉林大学)。书中喵大的博士生招考与评价体系并不取材于现实中任何一所学校，而是综合我所知道的国内各高校情况而成。请大家一定不要对号入座，否则，我怕我们法学院院长"追杀"我！

最后，预祝大家读书愉快，读博愉快！三花同学及其博导常有余教授与你同行！

本书人物清单

三花：主角(女)，从入门到毕业曾在无数坑边徘徊但均被拽回来的幸运小朋友

大橘：比三花高两届的博士师兄(同专业，但不是同一导师)

德文：三花同学的同门兼同班同学(男)

加菲：比三花低一届的博士师妹

常有余(有鱼?)：男，年龄50+，三花同学的博导，院长。

目　录

第三季　博士二年级：我是师姐了！

第四季　冲　刺

第一季
读博预备式

第1话
背景：三花同学要读博！

人物介绍

姓名：三花

性别：女

年龄：23

婚恋状况：未婚未育且单身

家乡：十八线小城，金拱门都没有的那种

专业：国际法

年级：研二

工作经历：无

目前状态：想读博！

三花同学不是猫，是喵大里的一名研究生。喵大的法学专业很不错，毕业生出没于京城各大红圈所、企业、银行法务部门。简单地讲，哪里有钱，哪里就有喵大毕业生。于是，一年前，三花同学满怀对"钱途"的憧憬，斗志昂扬地迈进了喵大，并精心挑选了喵大法学院一名具有种种美好品德的硕士生导师——女性、精英、会打扮、时尚、性格温柔、时不时地接个大案子赚很多钱、有品位、经常请学生吃饭……除了不大喜欢做学术，其他领域堪称完美。来自十八线小城的三花同学，读书期间着实跟美女硕导见了几次世面。三花同学这辈子第一块榴梿酥，就是在硕导迎新饭桌上吃到的。看过《欢乐颂》的读者，可以直接带入40岁左右的安迪。

三花同学很喜欢她硕导，硕导也很喜欢三花同学。于是，当三花通过了法考，斗志昂扬地向她导儿表示自己可以去律所实习然后迈出走向精英律师的第一步时，硕导大方地表示，恰好有一个公司上市项目要开工了，要不要来体验一下？

三花　要要要！

于是，在一个寒冷的冬日，当天空仍然是宝蓝色，当京城上空仅有的几颗星星还顽强地挂在天上时，三花同学和另一个有着远大理想的同门，就蹑手蹑脚地爬下了宿舍双层床，从边刷抖音边值夜班的宿管阿姨身边溜过，一路公交换地铁，还顺路在地铁口每人买了包子豆浆各一。终于，早晨六点半，在位于出城方向的地铁口，三花与同门成功地和导师律所的某位精英律师会面，坐上了精英律师驾驶的奥迪，这样才能在八点半之前到达上市公司所在地，一个周边都是农田的工厂……

晚上八点半，三花与同门终于吃上了当天第二顿饭。一周后，三花终于鼓足勇气再次找上了硕导。

三花　老师，我想清楚了，我要读博！我不想当精英律师了！

很久很久以后，三花同学才发现，那次仅持续不到一周的实习，改变的不仅是她一个人的命运。她那位同样心怀远大理想的同门在此之后忽然将"体制内"作为了人生最高目标，并于三个月后顺利杀出重围进入了某银行从事"放贷"这一非常有前途的工作。而另一位同门则在她们之后进入了这一项目，并在八年后荣升某律所合伙人，十年后拥有了自己的律所。

很久很久以后——但没有"十年"那么久——三花同学还

发现，她的博士同学们读博动机五花八门，但因为不想大早上挤地铁而读博的仅有她一人。有的同学是因为坚定地想要进入学术赛道，有的同学纯粹是因为"书没读够且家里不需要他赚钱"，还有的同学是因为"去高校工作可以享受带薪寒暑假"。只不过，来读书之后，绝大多数同学都发现，读博和他们想象的都不一样。不想在律所996的三花发现，读博不仅得996还得007；没读够书的同学发现，读博可不仅得读书还得写东西，而写东西不仅不"养生"还让人头冷；坚信自己具有无与伦比的学术天赋的同学，在同一篇稿子半年内被退稿三次后给导师发了条信息，"老师，我是不是不该读博"；而打算享受一辈子寒暑假的同学，则在工作后绝望地发现，啥寒暑假，那明明是"带薪学术假期"……

第 2 话
因为不想吃苦而去读博？亲，你会失望哒

上回刚刚说到，三花同学（因为之前 996 了一周）蔫头耷脑地去找她硕导。

三花 老师，我想好了，我要读博！

硕导 咋了，不喜欢律所？

三花 老师，我觉得，我吃不了苦，我晕车，我吃完饭就犯困……

硕导 我跟你讲个故事哈，你猜我的上一个项目，尽职调查的时候去了哪？

三花 还是工厂吧？

硕导 养猪场！我这辈子第一次见到过这么多的猪！还好我是律师不是审计，所以不需要去数猪！

三花 老师，养猪场也能上市？

硕导　那倒不是，那个企业本身是个做食品的集团。他们顺便养了一批猪。

三花　老师，我现在真的很佩服您了。赚钱真不容易！

硕导　没事没事，我挺喜欢赚钱的。那你决定不当律师转去读博了？经济状况没问题吧？

三花　老师，我上次找您说想实习，真的不是由于家里缺钱需要我赚钱啊。我爸妈都有稳定工作，爷爷奶奶都有退休金，我还是独生女，我考上大学的时候我妈曾经对我说，将来只要找一份能养活我自己的工作就可以了，他们不需要我养。

硕导　那就好！你至少扫清了一个读博的障碍。

三花　老师，啥障碍？是说博士学费很高吗？

硕导　想啥呢！全日制博士生不收学费还有补贴！确切地讲，咱们学校是开学时先交一万五千块钱学费，半年后再发给你同等金额的奖学金。国家每个月还会发给你两千块钱补贴。博士生同时还有公费医疗，看病也很便宜。你唯一需要花的钱，是每年一千五百块钱住宿费。如果你读博期间擅长发论文，咱们院很可能会发给你几千到一万块钱的科研奖学金。

三花　哇！这么棒！我读博不花钱还能赚钱！

硕导　你真容易满足，这么说你挺适合读博。

三花　老师，我还是不懂。您说的经济问题到底是啥？

硕导　"经济问题"一方面是说，读博普遍要三到四年时间，这段时间你是无法出去赚钱的。博士生学习很紧张，根本不可能一边打工一边写论文。另一方面，博士毕业后的职业选择也相对受限，通常"博士"是对接高校教职的，而高校工资可比不上律所。你要看我的工资条不？

三花　不用不用，老师！那是您的个人隐私！经济上我没问题的。我能养活自己就行，而且我不拜金，您看我不穿名牌也不背奢侈品包包。我吃饭吃食堂就可以，水果的话啥应季我吃啥。我甚至都不需要"榴梿自由"和"奶茶自由"，因为我不喜欢榴梿还怕胖！

硕导 没那么夸张，真的。我是不是把你吓着了？读博不代表你未来得过得跟和尚似的无欲无求。咱们院其实相当一部分老师都没在律所兼职，你觉得他们就不消费了吗？

三花 没有没有，老师，您没吓着我。我知道高校不可能给老师们开一个"自己都养不活"的工资。毕竟，根据市场规律，如果老师们发现自己的工作没有得到应有的回报，老师们就都用脚投票，跑啦！

硕导 好，那经济问题咱们不谈了，咱们来谈谈"吃苦"的问题。你刚才说，你是因为做律师太辛苦所以想读博？我需要提醒你一件事：读博很苦，真的很苦！抱着"因为不想吃苦所以想去读博"的心态去读博，一定会出问题！

三花 老师，我知道哪一行都不容易，但我说"不想吃苦"的意思绝对不是说感觉"读博不苦"。而是，我觉得干律师这行，可能有的苦我吃不了；但读博不会遇到同样的问题。

硕导 是吗？那你说说，干律师辛苦在哪？

三花 到处跑！我的问题是，宅！而且晕车！

硕导 ……算了。那你的确天生不适合做律师。你晕车应该也晕飞机和火车吧？

三花 嗯呢，我唯一不晕的是绿皮火车。但我估计做律师应该不能坐绿皮火车出差吧？

硕导　不能。还有其他的"苦"吗？

三花　有，我之前觉得当律师是在做专业的法律服务，每天写写诉状检索一下法条就可以了。但是，之前一周的实习让我发现，律师更多是人际沟通的活儿，而我不大擅长和人相处，也不大懂得语言的艺术。

硕导　是吗？咱俩相处没问题啊。你是说"不擅长处理复杂的人际关系"，是吧？

三花　嗯呢，是！和同学和老师相处我都没问题。

硕导　如果是这样，那么我的确不建议你去做律师。虽然你描述的"写诉状、做法律检索"的工作在律所里的确存在，但你不可能一辈子只做这些。

三花　所以，我觉得，如果我去读博，应该不需要一年有一半时间在路上，是吧？这一点可以避免。此外，读博之后未来可以去高校工作，在高校应该不需要进行大量的人际沟通，我只需要做好学术、上好课就成了，是吧？

硕导　可以，没问题。你当着很多人讲话没问题吧？

三花　老师，这个我没问题！我不怕人多！我近视得相当厉害，人稍多一点我就看不到后面的人了！所以一千人和一百人对我而言是一样的。

硕导　你这个理由我第一次听到！好吧，也就是说，你想规避的"吃苦"，其实是做律师特有的几种，而不是说你一点都不想吃苦？

三花　老师，您能跟我说说读博到底辛苦在哪吗？您说，有没有一种可能，是不同的人对吃苦的理解是不一样的？比如我觉得白酒真难喝，但我爷爷却说红星二锅头好喝？

硕导　可以啊。读博第一个辛苦之处，就是字面意义上的"苦"。换句话讲，工作量大，累。当律师会996，读博也会，甚至博士生会更加辛苦，因为无法在工作和生活之间划清一个明确的界限。你很有可能会一周七天每天都在图书馆泡着，然后在晚上睡前发现隔壁同学的灯居然还亮着。于是，你就会感觉，自己其实还不够卷！

三花　老师，我觉得我是个很勤快的好学生啊。

硕导　当然！但"读博"和"做学生"完全不是一个概念，好学生不一定是个好博士生。你知道二者的区别在哪吗？

三花　不知道。

硕导　这么说吧，博士其实不是"读"的。咱们说"读大学""读研"，这个"读"字一方面指代"看书"，一方面指代"听老师讲课"。但是，所谓"读博"，既不是"看书就行"，也不是"听老师讲课就行"。我很欣赏这么一句话：从读博那天起，你就不是学生了。你觉得这句话是什么意思？

三花　因为有工资了？

硕导　我说的不是钱的事儿啊，而是，从读博那天起，你就不再是一个听学校安排好每一步，按部就班上完课就能毕业的状态了。博士生其实只有那么几个重要节点：中期考核——这一般出现在读博一年半到两年的时候，比如有的学校博士是三年学制，有的是四年学制，所以中期考核的"中期"或者说"一半"的时点就不同；下一个节点是开题——这个一般发生在中期考核后半年；然后就是预答辩和答辩了。这样一个时间节点安排显然是极其粗略的。至于读什么书、研究什么方向、怎么规划小论文、什么时候写完大论文……这些事项，其实都要你自己去规划好。

三花　嗯，老师，我能不能问问，博导不管我吗？

硕导　怎么管？博导想管也管不了啊。举个例子，博导可以开个书单，但读不读的选择权还在你自己。博导可以指定一个大的研究方向，但不能直接给你一个题目。再或者说，哪怕博导对你说"这学期要写出一篇论文"，你觉得你一定写得出吗？

三花　不一定啊。"想写就写得出"是唯心主义。那老师，我多问一句，如果我读了博，我究竟能够期待博导给我什么样的帮助？会不会是"有导师和没导师一个样"？

硕导　那倒不是。再佛系的导师也不可能一点存在感都没有。但是，读博期间，导师的作用其实相当有限。在日程规划上，我们刚刚说过，最主要的时间节点都已经被咱们院研究生办公室界定好了，并不需要导师去规划。而具体到每个同学自身的时间规划，此处又可能出现三种情况：

第一种情况也是最理想的情况，博士生推着导师走，每一步都由博士生走在前面。比如，入学后两三个月，博士生就拎着论文去找导师，要求导师修改；入学后一年半，博士生就把大论文选题发到导师手机上了……这种情况下还真的是"有导师和没导师一个样"，也是导师最为省心的一种情况！我听说过的最神奇的一名博士生，博二结束的时候已经写完了十篇小论文。我知道这事儿，还是因为他导师有一天在办公室"凡尔赛"："你们说，收了这么个学生多烦！天天给我发微信，'老师，快给我看论文！''老师，我发现了一个新问题，您看看我能不能写一个小论文出来？''老师，我论文发表了，不过只是个 C 扩。您说我咋就发不了法学核心呢！'"

不过，这种情况极其罕见。这不仅仅是因为这么自律又能干的博士生本来也不多，还是因为，有的博士生问题并不在于"不自律"，而是在于"做不到"。他也想开题，但真没有选择一个好题目的实力！往往是磨叽半个月绞尽脑汁想出来的"好题目"被他导师一秒钟否决了："这题目不行，你写了就毕不了业了！"

第二种情况，是导师对学生比较上心，而学生也比较听话。导师替学生规划好了三年的学习情况，而博士生也一板一眼地照着做了，而且做的结果也符合导师的要求，或者在导师的进一步指导下有所长进。这种情况当然是大多数情形。

但最需要防范的，应该是第三种情况：导师替学生规划好了三年的学习情况，但博士生根本做不到。于是此时产生了师生矛盾！这也是读博比较容易造成心理问题的重要原因之一。

三花　老师，博士生和博导之间的矛盾很普遍吗？

硕导　倒也不一定。博士生和博导之间很容易产生意见不一致倒是真的。简单地讲，博导提出了要求，博士生或者做不到或者不想做。这时，性格刚硬一点的博士生就容易钻牛角尖，认为导师在刻意为难他；而性格刚硬一点的博导也很可能觉得"这学生怎么一点不听话，想干啥就干啥"，这时矛盾就产生了。但是，这种矛盾也只有在双方性格都比较刚硬的情况下才会产生。如果博士生性格比较温和，就很可能根本不会产生冲突；而如果导师性格比较温和，甚至善于反思，也完全可能调整指导方法，进而从根本上化解矛盾。

不过，我这里讲的"化解矛盾"仅仅是指"导师和博士生之间没有冲突"，但不是指"引发问题的根源被解决了"。毕竟，也可能会有这么一种情况：导师觉得"和学生产生冲突没必要"，于是一切尊重学生的自主选择。这种情况俗称"放养"，也叫"放弃治疗"。而"放养"的结果，就很可能是这名同学的"自主选择"最终无法转化为科研成果。

三花 也就是说，我导师未来可能对我提出要求，但这个要求应该是比较抽象的。他会告诉我"该干啥了"，也可能跟我说"你先去干，干完了我来帮你一把"，但他不会直接告诉我具体应该怎么做、做什么，比如应该看哪本书、写什么题目。对吗？

硕导 对！假设你能做到 5，你导师可能帮你提升到 7；但如果你什么都不做，或者只做到 1，那么，你导师很有可能非常生气然后决定再也不管你了。

再把话说回来啦，刚才咱们讨论的话题，其实是"读博需要自己对自己负责，导师的功能相对有限"。读博的忙和累，其实是自己给自己加担子，而不是靠导师时时刻刻的唠叨。换句话讲，读博需要很强的自我约束力。

三花 哈，这个我懂！我本科的时候有个室友，高中读的是类似于"衡水中学"这样的超级高中。她就对我说，她们学校特别适合自制力不强的学生，比如总想玩手机的。因为，她们高中基本是军事化管理，几点吃饭、几点跑操，第一节晚自习写数学卷子、第二节晚自习写英语卷子……这样的规划都已经做好了，学生们只要去做就行了。只不过，我同学也告诉我，她在这种学校其实挺痛苦的，因为她觉得自己不需要被这么管着。

硕导　那你同学应该可以考虑读博。理工科那边我不清楚，但文科专业的博导一般不会对学生管太多的。如果一名同学擅长自我管理，那么，他应该很适合读博。你觉得你咋样？

三花　我还行啊。至少我考研的时候挺自律的，复习法考的时候也是，每天能保证八到十个小时的纯学习时间。我能主动学习，而且，当我有一个明确的目标时，我内驱力老强了！

硕导　那就好，咱们接着讲。读博一切都需要靠自己规划，没有人能为你的命运负责。这就会造成一个结果，读博不仅很卷，而且还很操心。打个比方，读本科、读硕士类似"进厂工作"，每天需要做什么都已经被领导规划好了，打工人不需要操心水电费交没交、产品生产出来能不能卖出去，只需要把手头工作做好就可以领工资。而读博则类似于"个体户"，大大小小的事儿都需要自己去操心去规划，比如"我究竟要卖馒头还是卖包子才能赚钱""我的店要不要再添两张桌子""要不要在小区里多贴几张广告"，这些事儿琐碎但又不能不管。

三花　老师，我明白您的意思了！简单地说，读博很忙，比读研还忙，而且还会时不时地担心自己忙得不够。对吗？

硕导 对。除此之外，读博的另一个辛苦之处，是压力很大，并不是田园牧歌式地看看书、听听讲座就能毕业的。这么说吧，读博期间，有相当一部分同学会出现心理问题。你猜这是因为什么？

三花 因为读博会经常受到打击？

硕导 差不多吧。读博这事儿非常非常考验人的心理素质。根据我的调查，半数以上的博士生会在"冲刺"毕业大论文时"抑郁"。

三花 那另一半呢？

硕导 另一半当中，还有一定比例在写小论文时就"抑郁"了。

三花 为啥？

硕导 因为小论文被退稿或大论文写不出啊。

三花 老师，"抑郁"到底有多严重？

硕导 你别紧张，此处的"抑郁"仅仅是描述一种精神状态，不是描述需要去医院进行治疗的疾病。通常来讲，"抑郁"的表现是神经衰弱睡不着、不想吃东西、对什么都没兴趣、容易生气。但"读博抑郁症"只要博士大论文送审就一定会好且一定不会再犯。

三花 因为一个人不会读两个博士？

硕导　不是，因为困难已经被战胜了。

三花　我觉得，我应该也不会"抑郁"吧？毕竟我不是那种钻牛角尖的性格。

硕导　会不会"抑郁"当然和性格有关，但同样和科研进展情况有关。我举个例子，假如你在博三那年已经发了三篇小论文，你还会担心自己不能毕业吗？

三花　应该会吧？毕竟大论文还没送审。但应该没那么担心，因为小论文都发完了。

硕导　那假设你在博三那年一篇文章都没发出来，手头只有两篇文章还都是被拒稿好几次的呢？

三花　我觉得，除非我对于拿学位毫不在意，否则就不可能睡得着觉。这搞不好就得延毕啊。

硕导　假设就在这时候，你博导打电话过来，跟你说你的大论文写得不咋样，全是问题，这样送审很可能会挂？

三花　啊，雪上加霜！我八成会"抑郁"！

硕导　现在读博的小朋友通常都是应届生，他们本硕毕业后完全没工作过就去读博了。也就是说，一名博士生完全可能这辈子从来没自己独立负责过一件事，他就读博了，文章得自己发，大论文题目得自己选！这换了谁都会心累。说到心理问题，我再多说一句，读博需要心理强大的另一个原因，是必须自己去面对一切不确定性，并承担不确定性带来的一切后果。举个例子，哪怕是在互联网大厂 996 的同龄人，很有可能 99% 的工作是在领导的指示下进行，出了问题有人扛；但对于博士生而言，哪怕是你的博士学位论文选题是导师点头首肯的，但论文写不出或写不好的后果还是要自己承担。导师至多要承担"博士延毕甚至无法毕业"的名誉损失。我见到的最夸张的情形，是一名博士生写了一半论文换题目了，原因是我国突然通过一部立法，解决了他打算写的博士学位论文当中 99% 的问题。他的论文哪怕继续写，也至多会变成对新立法的评析，本身的学术价值会大打折扣。但这种情形下，他甚至没法去埋怨自己的导师没能"高瞻远瞩"到在开题时就预测到立法动向，进而劝阻他写这篇论文。毕竟，他导师是法学家又不是"法师"，没法预测这种情形！

总之，读博很累，每天工作时间长，还容易出情绪问题。

你要不要认真考虑下自己要不要读博？

三花 明白了！谢谢老师，我再考虑一下！

硕导 如果你确定以上"读博要件"都具备，那么你可以考虑读博了！你先认真考虑下，考虑清楚了再来找我。

一周后，把一系列的问题都想清楚的三花同学又回去找她硕导啦。

三花 老师，我想清楚了，我还是想读博！您上次跟我说的问题，我都能克服！

硕导　好，那咱们来谈下一个问题。我上周跟你说的"读博有多苦"，只是读博的"劝退"因素。如果你没有被上面的因素劝退，那么，咱们再谈谈读博的积极因素：你真的热爱你要读的这个学科吗？

三花　老师，您能不能给我描述一下"热爱"？我不大明白。毕竟，您要是让我像"爱吃冰淇淋"那样"爱国际法"，我感觉不大可能？

硕导　我没要求你像热爱冰淇淋那样热爱国际法。我并不排除有些天赋异禀的人会以"牛顿煮怀表"那种劲头去废寝忘食地进行科研，甚至完全不考虑物质享受地一门心思醉心科研。但是，你身边的绝大多数老师应该都做不到这份儿上。我给你讲个段子，我有个朋友曾经说过，她理想中的暑假，应该是"找个山清水秀的小城，住在度假村里，每天睡到自然醒，然后听着窗外的鸟鸣打开电脑写论文"。

三花　老师，我懂啦。您这个朋友要环境好，还要睡到自然醒，但她也能在"暑假"这个时间段自觉打开电脑写论文，而不是把电脑扔到一边去吃喝玩乐。这就是"热爱法学"，对吧？

硕导　对。你能达到这个"热爱"程度就行，即不用人劝，能自动自觉去做科研，这就算"热爱"了。

三花　老师，我觉得我没问题啊。我每年寒暑假都会带几本法

学著作回家去读，而且我真的读了！这应该算是我自动
自觉地去学习法律了，对吧？

硕导　可以。那么，咱们再谈谈"热爱"的对象？你喜欢国际
法不？

三花　老师，能再举个例子不？比如说您对于您选择的专业方
向有多喜欢？或者说，我怎么发现自己喜欢这个专业
方向？

硕导　好，那我再给你讲几个朋友的故事。我有一个朋友，我
曾经问他："你为什么选择了行政法作为硕博士专业啊？"
那个朋友告诉我："因为我只有这个方向的书才读得下
去！其他专业方向的书，我读了就烦！"

三花　哈哈，这是偏科吧？

硕导　实际上，最终能够拿到博士学位的同志，很多都是"偏
科"的。我还认识一位法理学的教授，他也是这么跟我
说的：当年考研时，他想要考的某大学以法理学见
长，但考研偏偏还要考民法、商法、刑法，他当年复习
这些不喜欢的科目都快疯啦！

三花　我明白了，这就是"喜欢某个专业方向"！可是，老
师，我没觉得自己偏科啊，我本科时各科考试成绩都挺
平均的，国际法也并没有分数更高。

硕导　谁问你考试分数了！我问的是，你有没有感觉到某个部

门法学起来特别容易，你能轻而易举地理解这门学科的内在逻辑；或者，能够感觉到这门学科很美？

三花　老师，咱们讨论的是法学，不是风景？

硕导　那好，我换个词。你能不能感受到，自己会被这门学科深深地震撼到？就是类似于你第一次看到银河、看到大海或者看到雪山的那种震撼？

三花　懂了！我在学习贸易救济的时候有这种感觉！我当时的感受就是，几十年前，人们怎么能做出这么精细的架构，去处理这样一个问题！换了我，我是绝对想不出来的！

硕导　你才多大啊？怎么比得过做了一辈子国际贸易的老人家们？不过你的感受应该是对的，如果一门学科能够让你在完全理解的基础上还会有一种景仰的感受，那么，这门学科对你而言应该就会有特别的意义。

三花　老师，那每个人感觉"有意义"的学科应该不一样吧？

硕导　不一样。我有个同学曾经拉着我讲了整整三个小时的物权行为理论，她还表示，这个理论对于物权法的整个理论体系都具有非同凡响的意义！但是，我哪怕听了整整三个小时，最后都没记住，在中国，物权行为究竟是"有因"还是"无因"的……

三花　老师，那您同学为啥给您讲了三个小时的物权行为理论呢？

硕导　因为，我同学问我为什么不去研究民法，民法多有意思啊！然后，我跟她讲，我大二学民法时，就是因为搞不懂"物权行为"是什么，所以认为自己没有一点点民法天赋！于是，我同学就给我讲了整整三个小时物权行为理论：从21世纪初的理论分歧讲起，到某学者率先提出某观点，再到某某学者提出完全相反的观点进行了反驳，再到我国立法和司法实践对此问题的处理……听得我两眼冒圈圈！

三花　哈，甲之蜜糖，乙之砒霜？

硕导　差不多吧，我再给你举个例子。从前有个一年级博士生跑来问我："老师，您为什么不喜欢国际人道法啊，这多有意思啊？"我对他说："因为我不喜欢打打杀杀！我更喜欢平和一点的法律。"比如，国际贸易法，在我看来，研究国家之间应该如何进行经济合作要比研究怎么合理合法地武装攻击他人有意思多了！

三花　所以，老师，想读博的人，肯定不是因为"自讨苦吃"才去读的，他们一定是因为热爱某个学科，感觉这个学科很神奇？

硕导　对。不仅文科如此，理工科也是如此。我还认识一个数学博士，他对我说，他能从某某数学公式当中看出一种奇特的对称美。

三花　老师，这就有点玄而又玄了。

硕导　但不论如何，最终选择了读博的人，一定是能从这个学科当中看到别人看不到的东西。所以，你要不要回去思考下你自己的专业方向选择？毕竟，读博之后就几乎不可能更换专业方向了！

三花　好的！

（又一周后）

三花　老师，我想好了！在各个法学部门当中，国际法对我而言是不一样的！我要读国际法！

硕导　好呀！需要我帮你联系博导不？

三花　要要要！

硕导　那你先跟我说说，你觉得你有哪些卖点？说得越详细越好，我好去向我朋友们推销你。

三花　……老师，我想想！

第 3 话
酒香不怕巷子深吗？不，你得把自己推销给博导！

　　蔫头耷脑的三花同学，现在更加蔫头耷脑了。正如此前面试兼职时每次被问及"你为什么觉得自己适合这份工作"，三花都觉得自己配不上这份工作；三花瞬间觉得，读博这事儿，它和找工作没区别啊！首先得自我推销，把自己卖个好价钱；但推销之前还得先说服自己：我适合读博！非常非常适合！世界上没有比我更适合读博的人了！老师您收下我吧！

　　于是，本来没啥自信的三花，更郁闷了……不过，基于不能"坐以待毙"的心理，三花决定主动出击，跑去约了高两级的师兄，大橘。大橘师兄和三花是老乡且毕业于同一所高中。大橘目前在喵大读博二，但自称"一条老狗"，因为他属狗。

大橘　咋了，师妹？听说你想读博？

三花　嗯呢！但我不知道应该如何把自己推销出去。师兄，你能不能帮我分析分析？

大橘　成啊，那么，我问你答吧？外语咋样？

三花　大二过的英语六级，大三选修过全英文的专业课，大四选修过口译课，平时能读英文论文，能读美国《统一商法典》，还能读课堂上的 WTO 案例；我平常喜欢看美剧，能不看字幕看 *CSI：Crime Scene Investigation*……

大橘　停停停，你猜我为啥问你外语咋样？

三花　我知道啊，因为咱们专业未来要用到英文资料？

大橘　没错，咱们专业最新最前沿的资料全是以英文形式发布的。比如 WTO 发布新谈判草案了，美国又通过新立法了……所以，我导儿明确表示，不能"像读中文那样读英文"的学生不收！尤其不要"开着网页全文翻译功能读英文新闻"的学生！

三花　原来如此！懂了！那么，师兄，我弱弱地问一句哈，是只有咱们国际法专业拿英语当卖点，还是所有专业都这样？

大橘 给你讲个笑话，我认识的老师们，只有一位博导不要求学生英文好。你猜他是什么专业的？

三花 行政法？

大橘 不是，是中国法制史！

三花 哈哈哈，那倒是，咱们院唯一一位中国法制史方向的博导是研究秦汉时期法律的。那时候我都不知道有没有英国……

大橘 话说回来，你回答"行政法"也不完全错。我还认识一位行政法学博导，他特别想招一名德语非常好的博士生，但一直未能如愿。你要是有认识的同学符合这个条件可以告诉我哈。

三花 好的师兄，我还真认识一位这样的人才，只不过这名同学立志去大厂工作，现在已经拿到某互联网企业 offer 了。总之，学生的语言能力有多好，和导师的研究方向有关，对吧？

大橘 也不一定。刚才那位中国法制史方向的老师，实际上也不是对外语能力毫无要求的。未必是英语，但总得有一门外语过得去。你知道为什么吗？

三花 不知道。

大橘 因为考博要考外语啊。目前，我国有一部分学校是"申请考核制"，即不用考试，直接交材料然后面试就行。但是，谁也没说面试时不会来个外语问答不是？给你讲个故事，我听说某专业招博士，那年"十年不遇"地来了个俄语考生，学院当天早上紧急调来位会讲俄语的老师去考场。

三花 明白了，考这种学校至少口语得好。那不实行申请考核制的学校呢？

大橘 这种学校会有笔试，而且笔试至少有一门科目是外语。

三花 嗯嗯，听说啦。咋了？考博英语比考研英语还难吗？

大橘 问题不是难，是根本答不完！我那年考试，试卷整整十三页啊，俩小时答完！听说我上一届考试，是阅读六千字，翻译其中两千字，还得在此基础上回答三道简答题！

三花 没事，师兄，这事儿我有信心！我考研英语 85 分！

大橘 好的，那外语这事儿咱们就聊完了。你现在知道怎么推销自己了吗？

三花 知道了！先突出"我能考上，我英语不会挂"；然后突出"我能读英文文献"。如果我要考的那个学校面试时有英语口试，我再强调下"我口语还行"。

大橘 可以！那咱们继续聊？除了英语，咱们还得分析下你的专业能力。

三花　专业能力？我本硕都是法学啊，硕士方向和想要考的博士方向还是完全一致的。我觉得我的专业能力应该不差吧？

大橘　我说的"专业能力"倒也不仅仅是这个，但你说的确实是考博过程中需要注意的一件事儿。有的老师对学生的专业背景很挑剔，如果本硕专业方向和博士专业方向不一致，人家不收的！

三花　哈，真的？

大橘　真的。不过这种状况我也理解。毕竟，法学是一个相当综合的学科，咱们本科学过的二十多门课，有的课看起来没啥用，但谁也不知道啥时候就能用上。所以，有些老师就会觉得，有的学生本科是非法学专业，考研时虽然考的是法学或者法律硕士，但考研毕竟只考五六门专业课。这样的学生难免知识面会窄。

三花　这么讲有些绝对吧？

大橘　当然"绝对"！毕竟，我自己本科的时候就见过虽然是法学专业，但对法学一点不感兴趣，一心想要毕业后考公"三不限"专业的。只不过，从概率上讲，专业方向一致应该会有更大概率知识面更广。顺便说一句，你见没见过，有的高校招聘广告当中，也会要求博士"本硕博属于同一一级学科"？

三花　我还真不知道！

大橘　我见过，尽管有这种要求的的确不多。咱们接着讲"专业方向一致"，有的老师不要求本硕博均为法学，但的确会要求硕士方向和打算报考的博士方向属于同一个二级学科。

三花　我觉得这个更好理解一些。毕竟，我们国际法学硕士的专业课和民商法学、刑法学……的专业课是完全独立的。所以，我很难想象一个同学读了三年民法学，突然决定要报考国际法学博士！嗯，师兄，那法律硕士呢？法律硕士不分方向吧？

大橘　法律硕士倒是不分方向，但法律硕士有导师啊。所以，哪怕是法律硕士，也可以在联系博导时表明自己"师从某某某"，读书期间研究了相关学科，毕业论文也做的是同一学科。

三花　明白了！按照同一思路，我想报考国际经济法方向的导师，我就应该强调，我本科是法学专业，硕士是国际法学专业，同时我在硕士期间主要研究国际经济法学，对吧？

大橘　对！不仅如此，你最好强调下你感兴趣的领域和你要报考的导师完全相同。我举个例子，假设你有个同学，想要报考一位研究唐律的导师，他的"套磁"邮件是这么写的："我毕业论文做的是《钦定大清刑律》……"你觉得会咋样？

三花　这名同学会被导师问："你未来究竟是想跟我研究唐律还
　　　是想继续研究清律啊？"

　　　懂了，也就是说，我需要让自己的研究方向与报考导师
　　　的研究方向完全契合，对不？

大橘　不对，你说反啦。这是典型的"削足适履"。正确的说
　　　法，是"我应该依照自己感兴趣的研究方向去选导师"。
　　　否则，你猜，你假装喜欢某个领域但其实不咋懂，你报
　　　考的导师能发现不……

三花　能，肯定能！我本科毕业论文答辩的时候就发现，只要
　　　老师问我几个问题，我就瞬间觉得自己对写的东西其实
　　　不咋懂。

　　　那真的没有这种情况吗：硕士研究生时研究的是甲，但
　　　读博时跟着导师的研究方向研究了乙？

大橘　有啊，怎么没有。我有位同学就是这种情况。他硕士时
　　　的方向是诉讼法，博士时跟了位环境法的老师，你猜猜
　　　那位博导为啥肯收他？

三花　因为他底子好，非常优秀？

大橘　不对！因为这哥们儿博士学位论文想做"环境公益诉
　　　讼"！

三花　……很好很强大。也就是说，当硕士专业和博士专业方
　　　向存在交叠时，"专业方向"其实不用 100% 契合？

大橘　我觉得是。我还有个同学，硕士做的是知识产权法，博士做的是财产法，二者也同样有交叠就是啦。不过这位同学目前还没拿定主意毕业论文写啥。

三花　懂了！我概括一下，我在"套磁"时应该着重突出，我硕士时学过的东西和感兴趣的方向能够和导师研究方向相一致，或者至少相交叉。对吧？

大橘　对！那你猜猜，为啥？

三花　因为导师不愿意带一个方向差特别远的学生？

大橘　不止如此，有的导师会直接表示，"你这个方向我带不了"。这就不是愿不愿意带的问题了，而是"有没有能力带"的问题。

三花　真的？我觉得博导们应该都很知识渊博？

大橘　未必，博导们应该都很"专"。一个研究贸易法的老师还真不一定敢说自己能指导得了投资法的论文。越是年轻的导师就越不敢这么讲。当然，话又说回来，假设有个老师表示他民法、商法、经济法都能带，你敢跟他读博不？

三花　不敢不敢！所以，专业方向契合是我需要推销自己的第二个要点，对吧？

大橘　对。不过，需要说明一下，据我所知，也有博导对学生的专业方向不是特别看重，甚至不要求学生和他的研究方向完全相同。只要这名学生足够优秀，他甚至不会要求学生入读后把研究方向改成和自己一致！

三花　好吧，但我猜这样的学生真的要非常非常优秀才行。至少这位博导在收下学生时有十足的信心，哪怕给不了这名学生特别充分的指导，他也能把自己鼓捣毕业！

大橘　所以，专业方向是否契合这事儿还得看每个老师的要求。

三花　那么，师兄，还有第三个要点吗？

大橘　有啊。英语好、专业方向契合的学生数量又不少，你总得考虑下你要如何从他们当中胜出。那咱们继续分析哈，你觉得你还有什么个人特质是你未来的导师可能喜欢的？

三花　我觉得我挺普通的！师兄你看，我长相一般般，不是啥大美女；琴棋书画样样不通，唱歌走调，跳舞踩别人脚；家庭也没啥背景……

大橘　打住打住，咱们讨论的是"考博"而不是"相亲"，你是否能歌善舞和考博一点关系都没有。看来你是一点都不了解我想问的是什么特质。那我给你举个例子吧，我有个同学，中国法制史专业，爱好古典文献，能够背诵三字经和千字文，唐诗宋词能背诵一百多首，读过《古文观止》，对"红学"也有研究……

三花　哈，这师兄爱好够杂的啊。说起来，我挺想认识这位师兄的，我偶尔也会文艺一下，写点小东西……

大橘　好，你接着说，你平时写啥？

三花　我平时喜欢写一些关于中西法文化差异的文章，比如前几天刚刚写了一篇《为什么英国没有违宪审查》；上周写了一篇《为什么中国古代没有信托制度但出现了祭田制度》。我觉得信托和祭田有些相似。

大橘　好！你现在写了多少篇了？每篇多少字？

三花　二十几篇吧，从去年开始写的；字数有多有少，有一千多的，有三千多的。

大橘　非常好！你把它们汇总到一个文档，按照题材编个目录，弄个 PDF。这就是你的特质之一啊。

三花　师兄，原来你还在跟我讲怎么突出我的特质呢？我还是不明白啊。写点小文章咋了？

大橘　好，我从我那个同学的例子给你分析。我同学喜欢古典文学对吧？还有古文功底？

三花　对啊。

大橘　然后，他报考的是啥专业？

三花　中国法制史！懂了！有古文功底，就代表这位师兄能熟练阅读古文，而中国法制史这个学科是需要读古文的。所以，这位师兄就有了一项能让他导师垂青的特质！

大橘　所以，我让你把小文章打包一下的目的是？

三花　为了显示我喜欢写东西？

大橘　对啊。博导们最怕的就是招进来一个学生，结果天天只读书不写文章，读了一年还一个字都没动笔。你打包这些小文章过去，一方面能显示"你喜欢写东西"，哪怕没有科研压力也愿意写；另一方面，如果你写出来的东西非常通顺，你导师也会放心，未来你不会交给他一份全是语法错误的稿子。

三花　哈，谢谢师兄！

大橘　其实，你还可以突出一下，你对法律文化感兴趣，愿意思考事物背后的"为什么"。这在博士生口中是被称为"问题意识"的。你猜，博导们怕不怕自己的学生根本发现不了问题？

三花　怕啊。连我一个硕士生都知道，"没有问题"的论文是没有灵魂的论文。

大橘　对！

三花　哇，我真没想到，这点小文章能被师兄你分析出我这么多特质来。

大橘　没啥没啥，咱们又没吹牛。那么，你还有什么特质可能对读博有帮助吗？或者，你平时还喜欢干点啥？我帮你分析？

三花　我喜欢游泳，可以游长距离，比如标准泳池位可以游五个来回。我还喜欢读《哈利·波特》，从第一部到第七部全都读过，而且读的是英文版。《指环王》三部曲我也读过英文版。

大橘　不错，这两项都可以包装下。喜欢游泳可以包装成"生活习惯健康"，你导儿就不用担心你未来动不动卧床不起了。喜欢读英文小说这个更好包装啦，可以包装成"英文阅读无障碍，能够理解英文长句，区分词句间的微妙差异"。

三花　师兄，你等下。生活习惯健康这事儿我懂。但读英文小说也可以包装吗？那是小说啊，小说！我大一开始读《哈利·波特》纯粹是因为图书馆里有英文版，是出于娱乐目的。

大橘　没关系，你能"出于娱乐目的"读英文，就说明你英文不是一般的好。至少你能从英文当中感觉到"娱乐"。而且，你承不承认，文学语言其实比一般的学术语言难懂？

三花　应该是吧？学术语言至少没那么花哨。

大橘　还有吗？

三花　嗯，还有？我本科选修过几门国际关系课程？

大橘　是"学过就忘"还是"能记住一些"？

三花　能记住一些。至少沃尔兹、摩根索、基欧汉是知道的，还为了写期末作业读过《文明的冲突》。

大橘　也行，国际关系对国际法也有帮助。当然，咱们不要"吹"得太过就是。否则，如果碰上真的懂国际关系的博导，完全可能被当成"不谦虚"，一瓶子不满半瓶子晃荡。

三花　嗯嗯，好的！师兄，我能不能再八卦下，你同学们都有哪些除本专业之外的辅助技能？就是你说的"熟读古文"这种？

大橘　可以啊。我身边有个大神，税法专业。你猜他的辅助技能是啥？

三花　懂税？

大橘　不是。人家有 CPA 证！就是"五年才能考完"的那个超级难考的证！

三花　哇！

大橘　我还有个同学，专业方向是物权法，但他本科时就对社会学感兴趣。于是，读博第一年就发表了一篇文章：《论物权法上的居住权制度设计——从法社会学的视角分析》。

三花　哈！那是不是说，每个想读博的同学，其实都有点儿"除本专业方向的知识"之外的技能？

大橘　那倒也不至于。其实我也并不建议没事啥都学，知识面广当然是优点，但在本专业方向当中能够深耕也同样能够说服导师。我再举个例子，我有个同学，专业方向大概是担保法，他熟读各种欧陆民法学经典，尤其是萨维尼和耶林的著作他都读过。有一天他拉着我讲了两个小时为什么《为权利而斗争》是一本经典好书。

三花　哈哈，师兄你是什么反应？

大橘　我想睡觉……那本书跟我有什么关系！

三花　我懂了！谢谢师兄！我还有一个问题，我到现在为止还没独立发表过任何论文，导师们会不会因为这个原因而不要我？

大橘　一般不会。我还真就这个问题跟我导儿聊过。我问我导儿："您是不是一定要收硕士期间已经发表过论文的学生啊？"我导儿说，那倒不会，因为咱们学校硕士是两年制，硕士生往往是刚刚下定决心要读博就该报名考试了，哪有时间发表论文！用"发表论文"作为筛选博士生的标准，岂不是耽误了好苗子！然后我又问："您怎么判断这名学生适合读博呢？"我导儿回答，可以跟他聊聊啊！问问他平时都读什么书，平时都关注哪些问题，那个领域有什么新鲜的学术动向，他对此是怎么看的……只要聊个把小时，就能判断出这名学生是否适合读博。哪怕他现在还很稚嫩，观点也不成熟，但是，只要逻辑清晰、思路流畅、肯思考，就完全可以预期他未来也能在学术上有所造诣！

事实上，我导儿有一次还派我跟一名有意考他博士的硕士生聊过。他那些天实在太忙，一直在外出差，就让我先去聊聊。那次我才发现，其实连我这样的博士生都能对硕士生是否有学术潜力做一个初步评价。我发现，那个小朋友是真的博览群书，他读过的很多书我都仅仅听说过书名。而且，他还能借助书中的理论对于刚刚发生的一起热点案例进行评述，尽管思维方式还是有点儿简单，需要不断去提醒他注意某些枝枝节节的问题。

三花　最后结果呢？

大橘　结果是我们聊了俩小时，那位师弟两眼放光："师兄，我今天收获很大，回去就整理下思路看看能不能写一篇论文！"

　　　我回去后就给我导儿发了个信息："老师，师弟不错，赶紧下手！"

三花　所以，哪怕我没发表过论文，但目前还是有希望的？

大橘　对！但你需要准备好一场"面试"。你能打动你未来导师的就只有三寸不烂之舌了。但我可没教你吹嘘哈！还是要谦虚一点，"不知为不知"比较好。

三花　好的！那我就整理下思路，然后汇总一下我适合读博的种种优点。今晚咱们去吃个饭咋样？

大橘　那倒不用，等你考上博再请我就行。

三花　好嘞！

　　于是，第二天，三花同学的美女硕导，就接到了三花同学的信息：

　　　老师好，我认真思考了一下，认为自己有如下特长，可以胜任博士期间的学习：

　　　1. 我的本硕专业均为法学，其中硕士专业为国际法学，我个人更倾向国际贸易法，毕业论文打算做贸易救济方向的研究。本硕六年我打下了扎实的法律基础，且我今年已经通过法考。

　　　2. 我的英语应试能力与阅读能力都比较突出。我的考研英语为85分，因而大概率能够通过考博英语笔试。此外，我能够熟练阅读英文文献，日常也会阅读英文小说，因而英文阅读能力以及资料搜集与整理能力均能满足博士学习所需。

　　　3. 我擅长写作，以下是我一年来二十几篇练笔文的合集。相信我的写作能力能够满足博士期间大小论文要求。

　　　4. 我具有一定的国际关系知识，本科期间曾修读若干课程，读过若干经典著作，因而能够提升博士期间论文写作的理论深度。

硕导　好的，三花！我现在有一种预感，你的硕士毕业论文应
　　　　该不会太让我头痛。另外，我还有个问题：你喜欢咱们

院长吗？你觉不觉得你未来的研究方向和他很契合？

三花　哇，老师，真的吗？可是，院长也有自己的学生啊，老师您确定他会收别人的学生吗？

硕导　我没开玩笑，我昨天刚刚听院长说起，今年他自己的学生恰好都不想考博！他此前看中的那位同学成功申请到了国家留学基金委的某项目，明年毕业后就要去英国读博了。

三花　谢谢老师！那您建议我现在怎么做？

硕导　写封邮件推销自己啊。如果院长问我，我当然会夸你。但具体的申请工作还要你自己完成。

三花　好的，谢谢老师！我这就去写邮件！

　　得到自己硕导肯定的三花同学，美滋滋地跟师兄发了条信息："师兄，我导儿给我提供了一个有效信息，咱们院长正好有空缺！"

大橘　好啊，可以写邮件试试。不过也不要得失心太重，其实只要不是你自己导师就是博导，"申博"基本上都是个"海投"的过程。我有个同学发出去四五十封邮件才得到一个回复。

三花　哈，然后呢？你同学就读上博了？

大橘　对啊。

三花　好的，师兄，那我就试试！师兄我给你看，这是我发给我导师的信息，也是咱们昨天聊的内容。你看我要不要扩展一下信息发给咱们院长？

大橘　不是不行，但不完善。给未来导师的第一封邮件可是至关重要的，如果对方看了之后觉得"这人不咋地"，那很可能你就没有写第二封邮件的机会了。我先问你一个问题：给未来导师的第一封邮件，需要突出些什么？

三花　突出"我很优秀"？

大橘　可以，但不够。我给你打个比方哈，假设你在马路上走，突然有人来给你推销"便携式制氧机"，他的货物物美价廉，同类商品中性价比最高。你买不买？

三花　不买！我肺活量3300，买制氧机干啥？

大橘　所以，咱们写"套磁信"，实际目的也在于要把自己卖出去。

三花　啊，我明白了！套磁信的功能，当然要突出"我很优秀"；但是，最首要的功能，还是要精准突出"我是你需要的博士生"！或者说"咱俩很搭！选我没错"！

大橘　嗯嗯，没错。这也就是为啥我上次跟你强调"你要找研究方向完全一致"的导师。从你的角度看，这是因为方向不一致的导师带不了你；但从导师的角度看呢？

三花　懂了，从导师的角度看，方向不一致的学生不仅固执而且难教。

大橘　所以，咱们的套磁信应该突出的内容是？

三花　老师好，您研究的东西我非常感兴趣！

大橘　很好！

三花　所以，我导师建议我去报考咱们院长，我就应该对院长近几年的文章和著作都有所了解；在此基础上表示，老师，我想跟您研究同一领域的问题？

大橘　正确！不过我还真没教你"临时抱佛脚"。你平时真没读过咱们院长的文章吗？

三花　读过啊，毕竟我现在也正在鼓捣毕业论文开题，我要写的就是贸易救济方向，怎么可能不通读下同一领域的论文。

大橘　那就没问题了。所以，你的套磁信第一段应该写啥呢？

三花　尊敬的某某老师，我是某某（以下省略基本信息），想考您的博士。我想考您的博士的原因是……

大橘　不错，来，跟我说说，为啥第一段写这个，而不是"我的种种优点"？

三花　师兄你刚刚跟我说过啊，我得先抓住用户需求，即，不是"我多好"，而是"我最适合你"！

大橘　说的是！那这个"原因"你打算怎么写呢？

三花　第一点，研究方向一致。这个咱们刚刚讨论过。

大橘 还有吗？

三花 有啊，第二点，我想写"我上过您的课，感觉很喜欢您"，行吗？

大橘 为啥喜欢？因为咱们院长上课会讲段子？

三花 谁说的，一看你就没选过他的课！咱们院长那么严肃的一个人，怎么可能讲段子啊。我喜欢的其实是他讲的那些案例。上个学期，我选的他那门课，一共讲了34个案例。哪怕我把法律原理都忘光了，想到案例就能回忆起来到底是咋回事儿。

大橘 "老师我挺喜欢你的"这一点，你得换个方式去写。不要写"我能听懂您的课"，要写"我喜欢您以案例为中心的研究方法"。嗯，我这么概括没毛病吧？

三花 没有啊，院长写论文也是这样，每篇论文里都有案例研究。

大橘 那好，第二点咱们就这么定了。你明白为什么要这么写吗？

三花 嗯，因为"能听懂课"有点儿肤浅？

大橘 不完全是。我给你举个例子哈，其实咱们哪怕不讨论怎么写套磁信，我也想跟你讲这事儿。我这届有个同学和他导师吵架了！

三花 这同学真勇！为啥吵啊？

大橘　因为他导师让他看点儿理论书籍，他不看，说看不懂，不想浪费那时间！

三花　他真这么说了？这位同学情商有点低啊。

大橘　我估计原话可能不是这样，应该会委婉点儿。但吵架的核心内容就是研究方法。你理不理解，一个特别推崇哈特的导师，发现自己的学生一本哈特都没读过，是什么心情……

三花　理解。我认识法理那边的同学，她跟我讲，她导师在入学第一天就给他们开了个书单，上面十几本书。倒没要求读完，但至少得读个两三本。假设有个学生一本也不读，估计这位导师可能想把他逐出师门。

大橘　对，就是这个意思。所以，仅仅确定你和未来的导师研究方向一致还不够，最好还得确认下研究方法是不是也差不多，以免未来吵架。

三花　好的！所以，"我想考您的博士的原因是……"这段，我写两个内容？一，方向一致；二，方法一致。

大橘　对。话说你现在理不理解为啥考博是"双选"？

三花　理解！导师当然会选学生，但学生也得选个适合自己的导师啊。

大橘　对。所以我特别反感某一种考博法：给全国有这个学科博士点的老师列个清单，然后一次性发上百封邮件，碰上谁算谁。

三花 哈，居然还有这样的？这样的套磁信应该也写不好吧？

大橘 没错啊。其实你应该也发现了，每一封套磁信都是"量身定做"的。如果是要"海投"，那么这个套磁信就必然是"均码"的。T恤均码还好，但你没见过均码的鞋吧？

三花 没见过！哪怕是拖鞋也是分号码的。所以，均码套磁信的效果也一定不好，因为博导和博士生的匹配程度得跟"鞋和脚的匹配程度"那样。再打个比方，正如世界上没有包治百病的神药，世界上也没有"放之四海而皆准"的套磁信。

大橘 对！其实，"量身定制"的套磁信，还不仅仅体现在第一段；后面"介绍你自己"的部分，其实也有量身定制的成分。

三花 哇，真的吗？也就是说，我第二段对自己的介绍，也得顾及未来导师的偏好？

大橘 对啊。你不会认为是把上次写的"优点"复制粘贴过来就行了吧？

三花 师兄，我不懂。不复制粘贴还能有什么花样吗？

大橘 有。第二段开始，就要介绍你自己了，是吧？那你知道你的目标导师喜欢啥样的学生吗？

三花 我应该能知道吧，我宿舍有位室友就是他学生。我问问去，看看他老人家有没有在平时透漏一些。

大橘　这也是个办法。其实，还有个办法，你可以去看这位老师已经招进来的学生有什么共同的特质。

三花　好的！

（第二天）

三花　师兄师兄，我回来啦！我问过了，咱们院长很注重学生的文献功底，要求学生引证必须使用一手资料，不能看别人的论文然后"偷"脚注加到自己论文里；他老人家还很看重学生使用英文文献，他说了，一篇小论文需要有三分之一都是英文脚注。

　　　　然后，我让我室友跟我讲了讲她的几位师兄师姐，但我没发现什么共性啊？这几位毕业的学校都不一样，其中一位本科甚至是学英语而非法律的；而且研究方向也只有"领域"一样，具体做的内容五花八门啥样的都有。比如，听说有位师姐专门做大数据案例研究，搜集了几百个案例在分析整理；也有位马上要毕业了的师兄在做国际关系视角下的国际法研究。

大橘　也就是说，院长他老人家不太干涉学生的具体研究方法？

三花　对啊。这也是个分析问题的角度。不过，师兄，真的有老师干涉学生的研究方法吗？

大橘　也不能说"干涉"吧，毕竟有的老师是只收和自己研究方法相近的。比如我听说过法理学那边的老师有这样的。

这个问题其实挺好判断，只要去网上搜几篇这个老师的学生曾经发表的论文就知道了。

三花　我觉得我就不用搜了。

大橘　对，你应该不用搜了。话说回来哈，你觉得报咱们院长的博士生，套磁信需要注意点啥？

三花　我在介绍自己那部分的时候，强调一下英文阅读能力强，写硕士学位论文时就应用了大量英文资料，比如某某、某某案等等，我都读过也都用过？

大橘　很好！也就是说，咱们这封套磁信，第一部分先简单介绍自己，写明白为啥要报考这位导师；第二部分介绍自己的优点，以及为什么能够读好博士。

三花　还有第三部分吗？

大橘　有啊，但第三部分比较简单，一般是表表决心，然后提供下联系方式。对了，最后说一句，要附上自己的简历！以及曾经写过的论文。我知道你读研的时候没独立发表过论文，那附上上次咱们说的那二十几篇小文章的合集也行。

三花　好的，师兄，我这就回去写套磁信！

Note

鉴于本书介绍的更多是"读博全过程"而非"三花日记"，因此，三花与博导的后续邮件往来与 1v1 见面在此就不叙述了。就算叙述，此处写的也八成是无聊的学术问题。后续的对话很可能是这样的：

博导　你对贸易救济的什么问题感兴趣啊？

三花　我对于贸易救济问题在实践当中的演进很感兴趣！比如说，老师您看"DS379 案"……这个案子的后续"DS437 案"居然是这样的……在"澳大利亚——A4 纸案"当中，对于类似的问题，专家组居然是这样裁决的……

博导　关于这个问题，如果让你写论文，你想写什么？

三花　我想写"特殊市场情形"条款的实践障碍与对策！

博导　你要不要考虑一下"美日欧三方联合声明"？

三花　啊，好的！您是说让我分析下"市场导向"问题？这个我研究过啊。我曾经读过某某的一篇文章，里面曾经提到……但我觉得这篇文章的立场有点儿偏颇，因为……（此处省略 1000 字）

　　总之，三花很喜欢博导，认为博导能够给她很多有益的提点。博导也很喜欢三花，认为三花聪明又勤快一定能顺利毕业。初步意向敲定，三花决定，要报名去参加考试了！

第 4 话
考博报名材料随便写写就成？那咋行！

三花　师兄师兄，我要准备报名了！

大橘　好啊！材料准备咋样了？

三花　啥材料？

大橘　博士报名材料啊。不过不用着急，博士十二月才报名，截止到一月底呢。咱们学校一向报名都比较晚，像某某学校通常九月就开始报名，现在八成都开始面试了。

三花　哈，还好我不考那里！

大橘　咱们学校的招生简章都看了吗？

三花　看了啊，但没看"报名材料"那段。我只看了报名条件，发现我都符合。比如上面要求通过六级或者四级 550 分以上等，这还是我同学提醒我的。她今年也想考博，但她六级没过，又怕报名年底的六级考试来不及了，所以特意提前去考了个托福，才达到学校的英语成绩要求。

大橘　我说你啥好呢，真够迷糊的。你现在就上网搜搜今年博士生招生简章，咱们院网"招生"那一栏挂着呢。

三花　啊，好的！我看看！

第一项，报考登记表。这个是开始网上报名后才能下载的。上面提示说要上传一张证件照片，这个我有现成的。

第二项，外语成绩证明。这个我也有。

第三项，专家推荐信，两封？其中一封是我自己导师写的？好的，那过两天我找我导师看论文初稿时顺便找她弄。另一封，是要我再找一个老师对吗？

大橘　对，而且你看仔细一点，咱们学校是要求在封口处骑缝签名的。所以，你还得买个信封，到时候一并带去。

三花　好的！带咱们学校 logo 的那种是吧？

大橘　其实无所谓啦，能密封就行。

三花　第四项，学历学位证书？我没这个啊，开始考试时我还没毕业呢。哦，上面写了，应届生是请研究生部开证明，然后同时提交学生证复印件。

大橘　对，你到时候带着学生证去行政楼一层的"师生办事大厅"就好。开证明是免费的。

三花　第五项，成绩单？

大橘　嗯呢，这个也去师生办事大厅办理，门口就有两台自助机器，刷一卡通就行，10 块钱一份。

三花　好的，最后一项，个人陈述？啊，这个有模板！我下载一份看看。明白了，上面是要求我阐释一下自己打算怎么从事博士研究工作，不少于 3000 字。

　　　　师兄，我明白你为啥让我准备材料了。这东西不可能"现上轿现扎耳朵眼儿"啊。谢谢师兄！

大橘　对，咱们学校只要求 3000 字已经很宽容了。我知道有的学校要求写一万字的研修报告，以及一万字的本领域文献综述。但不论字数多少，这材料一定要认真写。你知道为啥吗？

三花　因为我要给导师留个好印象？

大橘　不止如此。研修计划或者个人陈述是要在最终成绩里占分数的！我举个例子，复试共 300 分，其中"阐述研修计划并回答问题" 100 分。划重点：不是你的"阐述" 100 分，而是"阐述"和"后续回答问题环节" 100 分。后续还是要问你问题的！需要你对研修计划做出辩护！

三花　那么，我怎么写？我一个硕士生，现在就规划博士期间想研究啥，我怎么感觉这么心虚呢。

大橘　没事没事，你现在硕士都没毕业，面试你的老师们也都知道啊。所以，大家不会对你提出"能达到博士毕业水准"的要求的。

三花　那么，师兄你知不知道，老师们看研修计划通常看什么呢？或者说，"采分点"是什么？

大橘　哈，这个问题你真的问对人啦。我当然不知道，但去年考博那几天我去当秘书了啊。我听到老师们在面试后讨论考生的研修计划了。

三花　哇，那老师们怎么说？

大橘　我记得有位考生的研修计划选题是"论外国法在中国的适用"，然后被老师们抱怨说"这个题目十万字写不完，再加十万字还写不完"。

三花　懂了，也就是说，题目不能太大？

大橘　对。我觉得问题应该不仅是"题目太大"，还在于"这位考生心里没数"。也就是说，他对自己想研究的问题的外延有多广没啥概念。

三花　也就是说，如果他要写"论第三国强制规范在中国的适用"，这就是个不错的题目了？

大橘　对，至少大小比较适当。当然了，题目大小仅仅是评价研修计划的标准之一。我发现老师们还讨论了学生们的选题是否足够前沿。我听说隔壁民法那场也有个反例："论惩罚性损害赔偿"。这是我在民法那边做秘书的同学讲给我的。

三花　哈哈哈！这个问题上，我国貌似没啥最新进展吧？

大橘　我同学也说没有。既没有新问题，也没有新需求，还没有新立法。

三花　好的，懂啦。还有吗？总不至于老师们看研修报告只看题目吧？

大橘　当然不是。老师们还会看其中的文献基础和大纲。具体方式跟你硕士学位论文开题的审查方法差不多。

三花　明白了！考察文献基础的意思，是考察这个领域的主要作品我是否看过。考察大纲的意思，是考察我有没有用"提出问题—分析问题—解决问题"的思路构思论文，而不是像教科书那样罗列基础知识。也就是说，我的大纲得告诉老师，我是在解决问题，不是在"科普"。我们硕士学位论文开题那天，有位同学的开题报告就挂掉了。原因是，他是这么写的：定义—历史—现状—学界对此的批判—完善。然后老师们叫他从第三部分开始写。

大橘　那我应该不用跟你絮叨博士生研修报告应该怎么写了吧？

三花　不用！我会努力地去提出一个问题，尽管我知道这个问题在现在肯定提出得不是那么充分。

大橘　没事没事，老师们都理解。你能提出一个问题已经很棒啦。如果没思路，我建议你采用一种简便的方法：某某视角下的某某问题研究。

三花　啥意思？

大橘　"某某问题"是一个你熟悉的领域。比如，你对贸易救济熟悉，就写"某某视角下的贸易救济问题研究"。

三花　好，那么某某视角呢？

大橘　你觉得贸易救济领域的主要矛盾是什么？咱们马克思主义哲学课不是讲过"抓主要矛盾"吗？

三花　我觉得主要矛盾是贸易救济的实施国老想干涉贸易救济的被调查国的内政。我举个例子，美国对中国就总进行反倾销调查，而且，肯定会拿"中国是否属于市场经济国家"说事儿。

大橘　好，用一个词概括，这是什么问题？一个词！

三花　国家经济主权问题。因为，我觉得美国无权干涉中国使用什么经济体制。

大橘　好，那研修报告就可以包装为"国家经济主权视角下的贸易救济问题研究"。这种写法的好处是，题目里有理论视角、有论域，研修报告写起来轻松。

三花　哈哈哈，师兄，这么写靠谱不？

大橘　你不相信我？我再给你举几个例子。

> ①非犯罪化视角下的认罪认罚从宽制度研究
>
> ②类型化视角下的个人信息私法保护研究

③竞争中性视角下国有企业国际规制体系构建及我国的对策研究

④风险规制视角下我国环境标准的制定及法律效力研究

三花　我觉得都挺好，而且很容易就能看出来作者的观点。比如最后一个题目，我知道作者想写的是"环境标准制定要考虑到风险规制问题"；第一个题目，我知道作者的观点是"认罪认罚从宽制度的目标是非犯罪化"。

大橘　"都挺好"……你也太看不起这些题目了。这都是前几年立项的国家社会科学基金项目。

三花　师兄我错了！这些题目不是一般的好！

大橘　当然，拟题目不是只有这一种方法，但这种方法是我用起来最顺手的，供你参考。

三花　好的！谢谢师兄！那么，我能不能问问，还有什么方法？

大橘　还有，"某某领域中的某某问题研究"？这个是"大领域加小问题"，比如"国家公园体制中的保护地役权制度研究"以及"算法规制中的劳动者权益保障机制研究"。

三花　这也是国家社会科学基金立项的题目对吧？

大橘　是！其实如果你好奇，完全可以去国家社会科学基金项目数据库看看，里面支持关键词搜索。看看别人如何界定选题，你写研修报告也有个参考。

三花　好的！我搜"国家社会科学基金项目数据库"就行，对吧？

大橘　行啊。

三花　师兄，我这就去凑材料，然后报名时上传上去！

大橘　有的材料是上传电子版，但也有的材料是要求同时提交纸质版。

三花　好的！嗯，师兄，我再问问哈，考博咋复习？

大橘　你考研咋考上的？

三花　考研有指定参考书目？

大橘　算了……你考研的时候"三国法"都复习过吧？

三花　复习过啊。不然复试我就得挂啦。

大橘　好，那你现在还记得不？

三花　记得啊，天天用的东西怎么会忘。

大橘　成，那你按照考研复试的复习方法再复习一遍，毕竟考博通常只考咱们报考的二级学科的内容。然后再补充点儿时事就行。

三花　哈，考研政治？

大橘　不是，是最新热点问题，以及导师们的最新关注问题。

三花　啊，懂了懂了！比如，我考研的时候碰上中美经贸摩擦，我就准备了"贸易战中的法律问题"。是这意思吧？

大橘　对！

三花　好哒。笔试和面试这样就应该都够了吧？

大橘　差不多。不过提醒你一下哈，考试前练习一下写字，以及，看着时间做几套四六级题目或者考研英语真题啥的。不知道为啥，这几天听大家的"考场见闻"，每年都有考生答不完卷子。我们那场还有考生出场后表示，最后一道专业课大题只写了 15 分钟！那道题可是 30 分啊！我们专业课卷子满分才 150 分。

三花　明白了！还有吗？

大橘　如果今年考博面试有口语题目的话，事前练习一下英语口语。

三花　好的，可是我怎么知道有没有口语题目？

大橘　没事，面试前会发布消息的。我举个例子，某高校的复试通知是："面试专家组对考生的报告情况、攻博研究计划、学科背景、专业素质、外语口语水平、思维能力、创新能力等进行考察和评价。"你觉得复试可能考啥？

三花　哈哈，懂了！外语口语、几道专业题，外加研究计划的报告！

大橘　对。所以你盯紧通知就是啦。预祝考试顺利！

三花　谢谢师兄！

第二季

开学啦

在漫长的笔试+面试+硕士毕业论文答辩+毕业手续过后，三花同学终于硕士毕业啦。当年九月，三花同学光荣地(再次)踏入了喵大，以博士生的身份作为新生被师妹们欢迎了！在迎新现场，办完了报到手续的三花像两年前初入学那样提了一包新生大礼包就蹦跶回了新宿舍。但直到走了一半路，遇上新同门德文同学，三花才发现，为啥自己的新生大礼包是蓝色而非绿色？再一瞅，三花发现，自己拿的是两年前的同款——硕士版新生大礼包，里面的培养计划欢迎词等等全是硕士生版！

三花　要么我再读一遍?

第 5 话
三年时间长不长？说"长"的都后悔了！

报到完毕、在宿舍安顿好，三花同学给博导发了信息："老师，我报完到了！"

博导 中午十二点三食堂见？一起吃个饭？

三花 紧张 ing!

三花同学的新导师——同时也是法学院的院长，姓常名有余(有鱼?)，是一位年龄 50+、平时甚为严肃的小老头儿。"小老头儿"一词指的是年龄而非身材。有余教授身高 180+，这让身高 160 的三花同学略有压力。更有压力的是，据说有余教授对学生的指导工作相当上心，而且，有余教授并没有习得"以比较艺术的方式批评学生"这一技巧。

（中午十二点）

三花（端着两荤一素） 老师好！

有余教授 三花，来啦？给你介绍下，这位是你同门，我今年的另一个博士生，德文。之前见过没？

三花　见过，复试那天见过一面！报到当天也见过！

有余教授　对，他报考的不是咱们院，你知道我在别的院也带学生吧？不过我今年只带了你们两个，大家都是同学，往后一起学习！

三花　好！

有余教授　你俩对博士生活有啥想法？

三花　老师，我没啥想法，我觉得时间很充裕的。博士最少也要读三年，三年都够一个专科生毕业了！

有余教授　看来我今天叫你过来还真没错。你觉得三年时间很长吗？

三花　是啊。老师，您放心，我一定好好学习，我没说我要天天吃喝玩乐！

有余教授　我不担心你吃喝玩乐，我担心你没有认识到博士生时间的紧迫性。德文，你觉得三年时间长吗？

德文　老师，长，应该够我写好多论文了？

有余教授　你们俩啊！这样，我给你们反推一下博士生时间安排。咱们按照博士生最短年限三年来推算吧，三年共六个学期。你们觉得，第六个学期应该做什么？

三花　我知道，第六个学期一开学就要交论文！博士生和硕士生交毕业论文的时间差不多。我上学期刚刚体验过！

德文　第六个学期还要找工作和答辩？

有余教授　好。我换个问题，第六个学期能进行科研吗？

三花 & 德文　不能！

有余教授　所以，你们能扎扎实实做科研的时间只有五个学期。那你们觉得第五个学期应该做什么呢？

三花　写大论文啊，十万字那个。

有余教授　博士学位论文其实不止十万字，通常是十二三万字，但我也见过十五万字的。

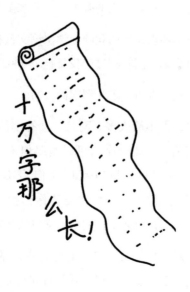

三花　也就是说，我要在第五学期那一学期写十万字？

德文　我觉得应该不是。因为你还有第五学期和第六学期之间的那个寒假。所以严格来讲时间应该更长。

有余教授　德文，你忘记考虑一个特殊问题了：预答辩。

德文　什么？

三花　预答辩，就是在第五学期结束的十二月或一月，把快要写完的论文提交给导师组先答辩一次。如果预答辩挂了，就不能参加正式答辩。我们硕士的时候弄过一次，我们组挂了俩！

德文　预答辩时应该写完论文的多少？不要求全都写完吧？

三花　我记得是不要求，比如我硕士学位论文预答辩时"结论"部分就很草率，预答辩过后我又补了 5000 字进去。

德文　所以说，我可以留一点儿到寒假去写？

有余教授　可以，但不能太多。而且，预答辩的论文至少体例上是完整的，好比一个人可以瘦弱但不能缺胳膊少腿。所以，寒假时间你可以写论文但写不了太多。事实上，正好今天你俩都在，我要和你们提前两年说件事：不许在过年那几天才第一次把论文发给我哈。

三花　啊，对了对了！论文是需要老师您审阅的！我不能把日子计算成"三月交论文所以我二月底写完"！我也不能让您大过年的给我改论文！

德文　对，而且还是我们俩的两篇。所以，我们应该尽早交论文？

有余教授　是。你们交得越早，咱们修改的时间就越充分。咱们再讨论回时间安排的事儿哈。刚才讨论完了第五学期，咱们现在讨论第四学期。第四学期期末，咱们是要开题的。但博士和硕士生要求是不一样的。硕士生开题时并不要求对这个题目已经有了一定的写作基础，但博士生是要求的。我没啥硬性要求，但强烈建议在开题前有三万字草稿或至少三万字读书笔记。

三花　老师，您是怕我们写不完吗？

有余教授　不是，我是怕你们在开题时过于"想当然"。毫不夸张地讲，有的同学的开题报告是凭借想象力搭建出来的。稍微懂点专业知识的老师都会发现，其中有很多问题要么没法写，要么缺资料。所以，根据我带学生的经验，如果要求学生们至少有一些写作基础，就可以有效避免乱写的问题。

三花　所以，我第四学期的主要工作应该是搜集整理资料、列出开题报告的大纲？

有余教授　可以这么说。也就是说，你在第三学期期末就应该给我一个成型的题目。

三花　懂了！那我第三学期应该努力阅读文献？

有余教授　不是，你应该现在开始就努力阅读文献。你知道咱们博士毕业是什么条件吗？

三花　知道啊。我已经打听过了！两篇 C 刊！

德文　实在不行还能折抵，比如其中一篇可以是扩展版的 C 刊；或者，在最为极端的情况下，可以用 5 篇普刊毕业。

有余教授　在最最极端的情况下，甚至可以直接提交毕业论文作为学术成果。咱们学校博士生考核标准里是有这一条规定的，但至今为止从未动用过。因为，这种情形是需要提交院学术委员会通过的，而且外审标准特别严！

三花　老师，我们都不会选择这一条的！因为我相信，如果哪位同学连小论文都没法发表，那么，他的大论文质量也一定不高。

德文　是啊是啊，老师，我哪怕五篇普刊毕业呢，也一定不会启动这个条款！

有余教授　我也不支持学生们启动这个条款。主要问题在于，你们未来还要就业是吧？就业单位可不会看好哪位"只有一篇毕业论文"的博士生。所以，哪怕咱们国家有些高校事实上已经取消了博士生毕业发表要求，但也仍然没多少博士生真的在读书期间一篇都不写。

三花　明白了，老师！我们一定好好写小论文。

有余教授　那么，你猜，一篇一万字的论文要写多久？

三花　半年？

有余教授　德文，我记得你发表过论文。你那篇写了多久？

德文　三个月。从选题到定稿三个月。但发表周期很长就是了，大概等了六个月才见刊。

有余教授　所以，三花，你打算几篇论文毕业？

三花　老师，我看过了各大高校招聘教师的公告，我发现，如果没有三篇 C 刊，就很难去好一点的学校。所以，我预计写四篇吧？"多一篇"是因为，我觉得应该不可能第一篇论文就发表在 C 刊上。

有余教授　这种可能性不是没有，但的确不大。所以，你觉得，你应该什么时候开始写论文？

三花　老师，我现在开始有压力了。三年时间的确不长，我尽快开始写！

有余教授　最后提示一下：我建议你们的小论文尽量要和大论文保持在同一个领域当中。这样就可以保证对相关领域的熟悉程度。小论文扩写后也可以放在大论文当中，保证文字不要重复就好。

三花　好的，老师，我懂了。谢谢！

有余教授　别紧张，到现在为止，我的博士生都顺利毕业了。你应该不会成为反例！你俩先坐会儿，我去给你们买奶茶。

三花 & 德文　谢谢老师！老师真时尚！

（五分钟后）

三花　老师，这……应该是豆浆吧？

第 6 话
听说你昼夜颠倒了？那是作死之道

开学一个月后，博三的大橘师兄在校园里遇上了迷迷糊糊的三花。更确切地说，是三花迷迷糊糊地差点撞上手里拎着糖葫芦的大橘。

大橘 师妹你咋的了？生病了？要是你撞上的不是我而是电动车，那今天估计就得进校医院了。

三花 师兄，我没生病，就是不大精神。昨晚三点才睡。

大橘 你说的是今天凌晨三点吧？为啥？我之前没听你说过神经衰弱啊。

三花 不是不是，是昨天看书看到两点钟，然后就睡不着了。

大橘 看书看到两点钟……我这个博三的都没这么夸张。你赶 deadline？不可能啊。

三花 没没没，这不是导师跟我们说读博要抓紧时间么。然后我们宿舍目前就我一个人住，原本还有个博二的姐姐，但她这段时间都没来学校，所以我就读书读晚了点儿，反正也不怕影响他人。

大橘　所以这就是你拿着这么大一杯美式的原因？

三花　嗯呢，不然我困啊。下午还有我导儿的课。

大橘　可是，你喝了这么多咖啡，晚上还能睡得着吗？

三花　没事，我第二天没课！

大橘　……师妹你过来，我絮叨你几句。幸好我今天遇到你！不然用不了一个月，你就能把自己搞到失眠。

三花　师兄，这么严重？

大橘　嗯呢。你刚博一还没室友，所以很容易作息时间不规律。这么说吧，我的同学里，博一时作息时间混乱的不在少数；但到了我现在这个年级，绝大多数同学都作息时间规律了。比如十一点睡七点起或者十二点睡八点起都行。但基本上都固定在同一个时间。

三花　师兄，你咋知道的啊？

大橘　因为宿舍楼是公用的水房啊。我每天都会在基本固定的时间看到固定的人。

三花　哦！

大橘　作息时间规律的好处不用我多说了，相信你从小到大应该被爸妈唠叨得不少了。对咱们博士生来说，作息时间

　　规律，就等于默认"九点到十一点要写论文""一点到五点也要写论文"，这样科研效率会更高。

三花　师兄，我不是抬杠哈，我多问一句。如果说作息时间规律就行，那么，我为什么不能是"凌晨三点睡，中午十一点起"，然后半夜看书写论文？

大橘　理论上，可以。但问题是，你这么安排不太实际。这么说吧，你导师一般几点钟找你谈事儿？

三花　上午下午都有可能？

大橘　所以，假设你导儿约你今天上午十点钟谈论文？

三花　啊，明白了！我肯定不能说"我要睡觉，老师咱们换个时间"，所以我就得前一天早点儿睡，第二天才能早点儿起。

大橘　但是，如果你前一天的作息时间是凌晨三点睡中午十一点起？

三花　明白了，那我想早睡也睡不着，第二天继续迷糊！

大橘　对，作息时间不正常的第一个问题是没法和别人配合，而读博总不可能完全不和别人配合。其实还有第二个问题：吃饭。你看，我八点起床然后去食堂吃早饭没问题吧？

三花　没！虽然不如"七点起床"能吃到的种类多，但我知道师兄你宿舍对面那个食堂八点半才关门。

大橘　然后，我中午十二点去吃午饭也很正常，是吧？

三花　对啊。我经常那时候去，人不是特别多，该有的品种都有。

大橘　我晚饭五点钟吃也很正常是吧？

三花　太正常了！吃完饭过了五六个小时才去睡，这样不至于积食也不会胖。

大橘　所以，如果你上午十一点钟才起床，你能不能介绍下这一天的饭要怎么吃啊？

三花　嗯，我现在就要去吃午饭？现在快十一点了，食堂已经有午饭了。

大橘　然后晚饭五点钟？

三花　对啊。晚饭后我回宿舍学习。

大橘　然后呢？

三花　然后，夜里十一二点我再吃点儿泡面？

大橘　看看，还用我说你啥不？

三花　师兄，我错了……

大橘　你现在才博一，可能体会不到读博有多辛苦。这么说吧，完全有可能不比你考研复习那会儿劳动强度低。作息混乱还吃没营养的东西，就你这瘦弱的小身板！用不了多久你就直接晕倒啦。算了，这个你也拿去！

三花　啥？师兄，每日坚果？

大橘　对，读博很辛苦的，一定要补脑。我专门问了医学部那边的同学，他们给我的建议是，多吃高蛋白的东西。每日坚果我觉得就不错。

三花　好的，谢谢师兄！

大橘　顺便多唠叨你一句，我同学还说了，吃饭时要多吃肉类，不要只吃青菜、萝卜；水果也要多吃，但也不用吃多贵的，什么便宜就吃啥也没问题，只要不是专门去吃烂水果就行；但一定不要乱吃薯片、巧克力啥的。那些东西既不补脑还影响正餐，吃多了还会胖！你听说过"过劳肥"吗？

三花　听说过！所以我每天在学校里走一万步！

大橘　对，管住嘴、迈开腿！对于你，八成还得加一句：早点睡！读博虽然是脑力劳动，但到了中后期，你就会突然发现读博也是个体力活儿。有很多博士生会在博二博三出现体力不支、神经衰弱、颈椎病、腰椎病等种种症状。在这种状态下，哪怕文思如泉涌也只能趴在床上敲字，甚至天天跑校医院去做理疗。这还做啥科研啦！

三花　好的！我知道了！谢谢师兄！

大橘　我再多说一句，咖啡这东西少喝！睡足了自然精神，靠咖啡提神不是长久之计！你看我平时就几乎不喝咖啡，最多喝一点茶。

P. S. 三花同学是位知恩图报的好同志。第二天，大橘师兄就收到了三花的信息："师兄，你今天回宿舍的时候在门卫室那里拿点东西哈。男生宿舍我进不去，再说宿管阿姨说了，早上看见你出门了但没看见你回去!"

于是，当天晚上，大橘师兄在宿管阿姨那儿发现了一个印着喵大超市 logo 的大口袋，死沉死沉。提回宿舍后发现，里面是一瓶一瓶的冰红茶、茉莉清茶、蜂蜜绿茶、东方树叶、统一阿萨姆奶茶、王老吉凉茶……

大橘 我是说过我喜欢喝茶但不是这种茶啊!

第7话
一本（篇）接一本（篇）读书（文献）？
怕是会读了个寂寞

　　开学两个月后，三花同学收到了有余教授的信息："周五有事没？没事的话，下午三点来我办公室？讨论下最近学术进展。"

三花　好的好的，我没事！

有余教授　好，也帮我叫德文一声？

　　（周五下午）

有余教授　三花，你这两个月干啥呢？

三花　老师，我在读文献！我上次跟您说过，我想研究下"市场经济地位"问题在《反倾销协定》项下的变体，所以最近读了些文献。

有余教授　好，那你讲讲，你都读了啥？

三花　我先读了某某案例，然后读了几篇论文，还读了 W 大的某教授对于这个问题的一本著作。

有余教授　好，那几篇论文对此是怎么论述的？

三花　老师，我想想哈。我记得，张三那篇论文题目大概
是……一共四个部分，第一部分是……第二部分是……

有余教授　除了这一篇？

三花　老师，我还读过李四的论文！大概名字叫……

有余教授　好吧，那咱们就谈谈这两篇论文。这两篇讲的是不
是同一个问题？

三花　应该是吧？

有余教授　那他们的观点是一样还是不一样？

三花　应该是不一样的？张三的思路是……李四的思路是……

有余教授　好吧，你还读了什么？

三花　嗯，老师，您等下，我打开电脑看看哈。我忘了！

有余教授　你就记住了这两篇？那你看了多少篇？

三花　老师，我看了十多篇，但问题就是太多了，我记不住！
那两篇我能记住，是因为我今天上午才读完的。

有余教授　套用你们年轻人的话，你这是读了个寂寞？

三花　老师，我对此也很疑惑啊。我读到有的论文，开头部分
是"文献综述"或者说是对既有研究的回顾，数数脚注
里足足二十几篇论文，但是，他们是咋记住的呢？

有余教授　你读过博士毕业论文没？

三花　读过啊，您看，我电脑里还有一篇。

有余教授　你打开看看，这里面"国内外研究现状"写得咋样，文献多不多？

三花　啊，多！大概 100 篇！

有余教授　所以，你觉得，这位作者是靠《三国演义》里张松那样的好记性记住 100 篇文献的吗？

三花　我觉得不可能！如果张松遍地都是，那么曹操怎么可能被骗。

有余教授　顺便说一句，你今天这个现象让我想到了另外一件事：我非常反对博士生们一门心思地读书。有个你们没见过面的学长，他现在已经毕业好多年了。他博一的时候，我也是刚刚带博士生没有经验，每次问他，他都说"在读书在读书"。后来，他博一读了整整一年书但一篇论文都没写。他不仅是一直在读书，而且连读的是啥都记不住！

三花　跟我似的？

有余教授　不是，比你忘的还多。

三花　所以，老师，"记不住"是个共性问题？

有余教授　对。那你认为应该怎么克服这个问题呢？

三花　做笔记？

有余教授　怎么做？

三花　嗯，像大学本科上课那么做？

有余教授　不行。我也给本科生上课，完全清楚学生们怎么记笔记。基本上是"老师说一句记一句"，还有可能是"记笔记都记不住重点"，把老师讲的段子都记下来了，但关键点记得七零八落。更何况，你们博士生记笔记的目的和本科生完全不一样。

　　　　　　德文，我问问你，你平时看文献记不记笔记？

德文　嗯，老师，我一般是把文献打印出来，然后在重点处画一画。

有余教授　算了，你俩一起听，我来跟你俩讲讲博士阶段的笔记要怎么做。咱们要解决的首先是一个先决问题：为什么博士阶段读书需要做笔记？

三花　因为记不住那么多文献？

有余教授　好，假设你是因为"记不住"才需要记笔记，然后呢？记完了笔记之后，你打算怎么办？要不要把笔记背下来？

三花　我觉得应该不用吧？

德文　不用，毕竟我又不需要参加期末考试。

有余教授　对，本科生的笔记是为了背诵而存在的，但博士生的笔记肯定不是服务于这个目的。事实上，对博士生而言，笔记的功能是辅助记忆，但更重要的功能是整理思路。思维导图这个词听说过没？

三花　听说过！

德文　老师，我电脑技术不行，听说过但没操作过。

有余教授　没事，不需要你实际操作。大概知道是什么样子就行。甚至，如果你偏向于纸笔方式，拿一张 A4 纸都行。这个方法，我年轻时是在笔记本上进行的。

三花　好的，老师，我准备好了。我带本子了。

有余教授　你现在文献阅读是处在哪个阶段？二选一哈：是模模糊糊地只知道研究某个论域，还是集中到某个问题上了但需要进一步检索？

三花　老师，我不大懂？您能举个例子吗？

有余教授　前一种情形，是"我想研究怎么把黄焖鸡做得更好吃，现在我家做的黄焖鸡，顾客反映有些腻"。后一种情形，是"我想研究，应该用本地三黄鸡还是进口品种白羽肉鸡做黄焖鸡，才能不那么腻"。

三花　哈，老师，我懂了！前一种情形是有目标但不知道怎么解决，后一种情形是有目标也有路径了。这两种情形对应的是"小论文选题"的两个阶段。我现在已经度过第

　　　　　一个阶段了，我知道"市场经济地位问题在《反倾销协
　　　　　定》项下的变体"是一个应该解决的问题，我也知道，这
　　　　　个问题可以具体化为"特殊市场情况"规则在《反倾销协
　　　　　定》生效后的几十年内发生了流变。也就是说，我已经把
　　　　　问题具体化了。不过，老师，我还想问，这两个阶
　　　　　段，读文献有什么区别啊？

有余教授　有的。前一个阶段，模模糊糊地把问题汇总到某个
　　　　　论域，这时候就需要广泛阅读与此论域相关的所有文献。

三花　哈，明白！比如，我就需要在中国知网里分别把市场经
　　　　　济地位和反倾销协定敲进去。然后读读五年来的文献。

有余教授　对。你这么做过，对吗？

三花　对对对！

有余教授　然后，你发现自己记不住？

三花　对。不过，我发现好几篇文献在讨论特殊市场情况问
　　　　　题，所以我也想写。

有余教授　……算你走运。事实上，在进入某个论域时，你最
　　　　　应该做的是文献综述。而文献综述的意思是，在这个论
　　　　　域里，学者们都研究了什么？成果如何？什么还没解决？

三花　然后针对"没解决"的问题去写？

有余教授　对！那你接着思考，究竟如何汇总学者们都研究了
　　　　　什么？提示你：A4 纸。

三花　啊，懂了！我看一篇记一篇！某某论文主要论述了啥。

有余教授　然后呢？看完第二篇？

三花　接着换张纸记？

有余教授　于是，当你看了 100 篇文献，你就有了 100 页笔记？

三花　嗯呢？

有余教授　不对。你是要做文献综述，不是读书笔记。我这么问你，假设你第四篇文献和第一篇题材相同？

三花　我应该在第一篇文献下面做第四篇的笔记！然后标注下区别！

有余教授　所以，你读了 100 篇文献……

三花　懂了懂了，我很可能只有 8 页笔记。

有余教授　对。这就是"汇总了学者们都研究了什么"，或者，至少是在哪些领域进行了研究。

三花　如果我发现所有学者都没在某领域进行论述，或者他们的论述都说服不了我，我就可以进入下一阶段了？"三黄鸡还是白羽肉鸡"这个阶段，对吧？

有余教授　对。在这个阶段，你就只需要专心阅读提到你要研究的这个问题的学者著述，然后记录下为什么他们的论述都说服不了你，最后提出自己的新问题。如果你已经做完了这一步，那么，当我问你"最近都读了什么"的时候，你会怎么汇报？

三花　大概是这么个模式？

我就某某领域进行了阅读。

发现了学者们共从六个角度进行了阐述。分别是……

其中五个角度都比较完善了。但第六个角度，即某某角度，仍然没解决某某问题。

具体来讲，在这个问题上……

所以，我认为我下一步要写某某问题。

老师，这么五步走，对不对啊？

有余教授　对！你还怕记不住文献吗？

三花　怎么可能记不住！

有余教授　好的，那你的问题告一段落。德文，你最近干啥呢？

德文　读书！我读了《乡土中国》，同时还读了《实践理性批判》。老师，这两本书写得可好了！

有余教授　你能不能跟我说说，你为啥先后读这两本书？我记得你说过，你博士学位论文要做的是法律的域外效力问题？

德文　老师，我没啥目的，单纯是喜欢读书。我读博的原因之一就是我喜欢读书。

有余教授　……德文，看来你和三花的问题还不一样。三花是读书不过脑子，你是读书没啥目标。

德文　老师，可是，我记得，前段时间有位学者来咱们学校开讲座，在最后面的问答环节，他说过，后悔博士期间没多读点书。

有余教授　假设那名学者还说，后悔博士期间没好好锻炼身体，你要不要从善如流，去参加个校田径队集训？

德文　老师，我这身板参加喵大附属幼儿园田径队集训还差不多。校田径队那集训强度，应该能把我练瘫痪了。

有余教授　但你能不能每天去操场跑个 800 米？

德文　能啊。没问题。所以，您的意思是，读博期间可以读与本专业无关的书，但不要喧宾夺主？

有余教授　对。你读的两本书，在其他专业或许算是"专业核心参考书目"，但就你要写的博士学位论文题目而言，就是课外书。我跟你讲，一旦读了博士，你就应该认为自己是处于工作状态了，只不过是为自己打工。

德文　也就是说，我应该重点去做对毕业有所助益的事儿？

有余教授　是。你的第一任务，是顺利毕业。国家每月给你发两千块助学金，可不是让你想读啥书读啥书的，更不是让你效仿小红书上某些网红的生活方式，每天找个环境特别好的咖啡馆点一杯咖啡，然后随便带一本书过去坐一下午，再发个朋友圈表示"这才是理想的人生"。"读博"的本质还是在于知识的创造。从最功利的角度来讲，国家出钱培养博士生，根本目的仍然在于培育一批能够推进各领域知识创新的人才，不论是理工农医还是哲学社会科学都是如此。

说到这个，我多说一句，我从前还真遇到过这么一位同学，他读博的原动力是"终于可以有闲暇时间看书了"！这位同学把读博这事儿想得过于美好，他以为读博或者是像孔子的弟子那样，可以四处溜达，周游六国；或者是像终南隐士那样，一杯清茶一本书过一天就可以了。后来，真的读了书，他才发现，读博不仅不悠闲，而且累得要死！

德文　好的！我记住了，老师。下次跟您见面，我也模仿三花同学说的那个结构，跟您汇报下读书心得。我正好有个小问题想要研究：欧盟《通用数据保护条例》的域外效力设计，会不会影响他国主权？

有余教授　好！当然，我的意思并不是不让你看你感兴趣的书，而是，注意一下时间分配。举个例子，假设你一天能学习八小时，那你认为平均每天读书用多久比较好？

德文　一半时间？四小时？

有余教授　你可以先尝试下。如果你明显感觉科研效率不高，比如另外四小时就无法集中精力从事专业研究了，或者你的科研进度明显慢于你同专业的同学，那么，这个时间分配方案可以调整。当然，在学有余力的情况下，我非常鼓励自己的学生去读各种书，但前提一定是"学有余力"。做学问是一辈子的事，但读博是三四年的事。千万不要顾此失彼，影响你未来的职业生涯！

德文　好的老师，我回去试试！

有余教授　我多说一句哈，对于"读书"的态度，还要视你的专业而定。某些专业——比如法理学，很可能整个博一都用来读书而非写作；但也有些专业更加提倡在实践中学习，比如一边关注实践当中最新发生的事件，一边去读相应的书籍。所以，千万不要因为其他专业的同学做出了某种时间安排就去效仿。各个专业的"学习曲线"很可能是不同的。

德文　好的，懂啦！

有余教授　我最后再多跟你们唠叨一下读书的方法。前几天刚好有个硕士生跟我谈读书，他读的是大约十年前出版的一本著作。这名硕士生用了十分钟时间跟我夸奖，这本书写得如何如何的好。然后，我问了他一个问题："你觉得这本书当中的理论，在十年间发生了什么变化？哪些理论在今天仍然有效，哪些需要进一步的修正或者说补充？"你们猜这名硕士生说啥了？

三花　哈，他是不是说"我觉得这本书写得好，所以书中的所有结论都是对的"？

有余教授　不止。他说，他读书时从未想过"书里说的可能不完全正确"这个事儿！

德文　哈哈哈，古文里不是说了吗？"尽信书不如无书。"不过我也理解这名硕士生。如果他年级比较低或者甚至是刚刚考完研，那么，他很可能会把教科书上写的一切东西都奉为真理。本科阶段，相当一部分同学都不会去质疑书上的任何观点，毕竟期末考试只要背一背就能拿到高分。

有余教授　的确！我从前还问过另一名硕士生，你读过我的某某论文吧？你觉得我的这篇论文和某教授的某论文相比，有什么区别？你比较赞成哪一派观点？

三花　老师，您这个硕士生是不是不敢回答啊？

有余教授　那倒没有，这名同学虽然两篇论文都读过，但他只能告诉我"我觉得两篇论文说的都有道理"，但完全没形成自己的观点。但这事儿离谱就离谱在，这两篇论文的观点是完全相反的！我虽然没有在自己的论文里写明，但我的论文写作动因就是不赞同某教授的观点，所以写了一篇完全相反的论文去反驳。

德文，你觉得，我给你们讲这两件事儿的目的是啥？

德文　老师，我觉得，您是想告诉我们，读书的时候不要"书上说啥就信啥"，得有自己的观点？

三花　我同意！

有余教授　对。读书的目的之一当然在于学习。比如，读一本著作，首先就要理解那本著作的具体思路。例如，作者提出了一个什么主张？作者用什么分论点支持了这个主张？作者又使用了什么论据去论证这些分论点？其中的观点与论据都是值得学习的。但是，如果读书仅仅停留在这一步，那么，"读书"实际上并未发挥它应有的作用。毕竟，哪怕是 ChatGPT 也能帮咱们概括段落大意，整理文献思路，对不？

三花　对！ChatGPT 的确有这个功能！

有余教授　那咱们作为博士生，较之于人工智能的高级之处在哪呢？

三花　批判性思维？

有余教授　对。在理解作者思路的基础之上，咱们还要批判性阅读。例如，在读完一章之后思考一下，这一章的论证逻辑是否严密？作者使用的资料是否具有时效性？我能不能就作者所论述的事项举出反例？或者说，如果这本书或这篇论文已经有点年头了，那么书中的结论在今天是否有所变化？

德文　所以，读书应该读两遍？

有余教授　那倒不一定。你完全可以读完一章就停下来思考一

下，而不是几十万字都读完再思考。当然，如果你喜欢
"读两遍"也完全没问题。但不论如何，看书一定不要盲
从，要时时停下来思考。越是经典的文献就越是如此。
顺便给你们讲个段子，我有个法理学的朋友跟我说，他
尤其喜欢读千年前的文献，往往合上书后还会感慨：人
类的智慧居然能够跨越千年被我一个后世之人理解！

三花　老师，所以，您的这位朋友是在和古人进行虚拟对话？

有余教授　对。他还经常和古人辩论。

三花　那谁赢啦？

有余教授　他赢了，因为他会在辩论结束后把思想火花写成论
文然后拿去发表，大概是"某某思想的时代阐释"这样
的论文。

德文　老师，我明白了！您的意思是，要以"扬弃"的心态读
书，这样才能读出成果？

有余教授　对，这样才有利于发现问题。

德文　好的，谢谢老师！

有余教授　既然咱们今天说到了读书或者说读文献，那咱们今
天就再来探讨一件事：读文献如何服务于写论文？

三花　老师，您刚才说过了啊，读文献的目的在于，发现已有
研究的不足，进而确定自己要写什么。

有余教授　对，然后呢？

三花　然后，开始写？

有余教授　那文献被你拿来干啥？

三花　放在开头，做"研究现状综述"。

有余教授　正文呢？

三花　正文就是我的论证了。

有余教授　纯靠自己写？

三花　嗯，好像也不大对？毕竟，我读过很多发表在高端期刊的论文。这些论文的主体论证部分也都是要援引其他文献的。

有余教授　德文，你认为呢？

德文　我觉得，文献可以用在开头，阐明研究现状，体现"我的论文是建立在前人研究的基础之上"的。文献也可以用在主体论证部分，体现"我的观点是有他人支持的，不是我闭门造车造出来的"。

有余教授　差不多。开头部分的文献综述咱们都懂，所以就不再探讨了。主体论证部分的文献也有几种使用方法：第一种情形，是把"文献"当"资料"用。亦即，在别人论文当中提及某些数据、立法、案例……时，你引用这些内容。只不过，如果有可能，我还是鼓励使用一手资料。把别人的文献当资料用，只能是在你无法获取一手资料的情况下才行，例如，作者引用的是西班牙语资料，但咱们都看不懂西班牙语。第二种情形，是我要在论述当中使用一个观

点而非事实，但这个观点不是我自创的。所以我需要标明观点的出处。正好我这里有一篇论文，你们看一下：①

> 　　但近年来，国际秩序和国际法的发展开始出现国家"回归"现象，不少国家采取退出国际机制的方式强化主权诉求，不愿意接受国际机制和国际法所施加的限制。32
>
> 　　32　蔡从燕：《国家的"离开""回归"与国际法的未来》，载《国际法研究》2018 年第 4 期。

这就是一个典型的"引用别人观点"的例子。由于"国家的回归"概念本身不是作者提出的，所以作者需要标明资料的出处。

换言之，咱们写论文，是在别人论文的基础之上更进一步。这不仅体现在论文开头的研究基础，也体现在论文主体部分的具体论证当中。

三花　懂啦。也就是说，所谓"研究基础"，既可以体现为"别人之前研究过和我的主题类似的东西，但没研究过我的这个特定主题"；也可以体现为，"别人研究过我论文相关的论据，但没再进一步扩展为我要研究的论点"。对吧？

---

①　以下段落摘自：廖诗评：《中国法中的域外效力条款及其完善：基本理念与思路》，载《中国法律评论》2022 年 1 期，第 52—63 页。

有余教授　对！所以，看文献的功能，不仅仅是"找到要研究的题目"，还包括掌握学科最新动态，进而用最新动态武装起你的研究。

德文　老师，那论文"对策"部分呢？这部分如果引用文献，会不会让别人感觉"你提出的对策都是别人提出过的东西"？

有余教授　不会啊，对策部分虽然不是论证部分，但仍然可以用别人的文献佐证自己的观点。举例来讲，对于"生成式人工智能可能侵害个人信息"这个问题，假设你提出了一个对策："个人信息的获取应当遵循'数据最小化'原则，这样就能有效从源头避免商家随意索取个人信息。"那这句话是否有必要注明引证？

德文　需要。"数据最小化"的功能，我看到很多学者都论述过。

有余教授　所以，你提出的新观点是"通过数据最小化遏制生成式人工智能索取信息"，但"数据最小化"则是其他学者的成果，对吧？

德文　对！懂了！引用他人的文献并不意味着我对论文写作毫无贡献，也不代表我的论文就是他人的观点的搜集与整理。谢谢老师！我没问题啦。

三花　我也没问题啦。谢谢老师！

附录：三花同学的备忘录

1. 读书是手段不是目的，也不是读博的主要目标。（知识的产出才是！）

2. 在"仅仅确定了研究论域"阶段，读书的目的是确定该论域内所有研究方向、已有成果和不足，以确定自己下一步想研究什么。

3. 当我确定了需要研究的具体问题，我应该研读对此问题进行论述的所有文献，进而聚焦他人研究的观点和可供完善之处。

4. 文献综述有模板。

5. 读书不要盲从，要"学而思"。

6. 引用他人的文献不丢人！

第 8 话
听说你不想博一上学期就写论文？

某日中午，德文同学约了三花吃饭。

德文　咱导儿给我打电话了，有件事儿让我劝劝你。我原本想着要不要找个别的由头，但我觉得你不是那种逆反的性格，我就直说了。

三花（大惊）　啥？咋了咋了？是我昨天去咱导儿办公室临走忘了锁门吗？

德文　怎么可能，再说咱导儿办公室里啥值钱东西都没有，最值钱的是那本《布莱克法律词典》。其实不是啥事，就是咱导儿让我问问你，咋不开始写论文。

三花　哦，我知道你开始写了。

德文　对，我开始了。所以咱导儿才让我来劝你赶紧写，而不是他老人家劝咱俩都赶紧写。你觉得你现在没开始写的原因是啥？是不知道写啥，还是不想写？

三花　肯定不是"不知道写啥"，毕竟咱们读博都要提交研修报告的。那份研修报告又不是写了糊弄咱导儿的。

德文　那就好。也就是说，你其实知道写啥对吗？

三花　知道，至少大方向知道。

德文　所以，你是不想写，还是暂时没找到具体的切口？

三花　嗯，其实我有两个问题。第一个问题是，我要不要等咱导儿先给我做个论文写作培训再开始写？第二个问题是，我感觉我现在水平不够所以不该贸贸然去写。

德文　你啊……这俩问题我碰巧都知道答案，都不用问咱导儿。第一个问题，你放心，咱导儿从来不给新博士生做写作培训。

三花　你咋知道的？

德文　我问过上一届的师姐啊。

三花　然后师姐问过上上届师兄？

德文　差不多。也就是说，其实你来读博，导师就默认你是写论文的"成手"了，不需要从头开始教。嗯，话说，你没期望导师啥都手把手教你吧？比如，告诉你要去写啥，去读哪些案例，去读哪些人的论文……

三花　不会不会！你说的这个不是博士生，是小学生！这个我懂！我本科的时候加入过美术社团，那时候我就知道，不能动不动抓着学长问，绘画软件去哪买，笔刷谁能给我几个，手绘板的快捷键怎么设置……上网一搜就知道的东西不能天天伸手要。

德文　差不多原理。那……我能不能问问，你期待咱导儿给博士生做写作培训是咋回事？

三花　我怕自己写得不合规范，然后咱导儿不满意啊！

德文　你想多了，亲。这个问题我专门问过咱导儿，我问他："我要不要模仿您写的论文？"

三花　然后呢？

德文　咱导儿回复我："你可以看，不懂的可以问，但没有必要模仿。"他还说，他也不建议我模仿任何人的论文，因为文无定法。

三花　啥？

德文　我也挺吃惊的。因为，我也感觉写论文应该是从模仿开始。我小时候学过几年书法，当时老师是拿着《多宝塔碑》让我照着临摹的。书法老师可没给我一张宣纸然后让我瞎写。

三花　然后呢，你问咱导儿为啥了吗？

德文　我问了啊！然后，咱导儿反问我："你临摹的《多宝塔碑》再传神，能拿去发表吗？"

三花　行不行？

德文　不太行。参加书法展可以，但得标明是"临摹"的，不能说是自己的。

三花　所以，咱导儿的意思是，读了博士，就不要想着模仿了对吧？

德文　我觉得应该是。毕竟咱们现在是要写完之后拿去投稿的，从某种意义上讲应该算是"创作"。

三花　好吧，那问题一就解决了。咱导儿鼓励自由创作。

德文　我觉得是，毕竟他说了"文无定法"。但是，我之前也问了师姐，她跟我说，咱导儿喜欢采用"实践教学法"，就是说，你先写出来，然后他给你改论文。

三花　原来如此！好！这的确是我应该写论文的一个重要原因。毕竟，我不写，他也没啥可改的啊！

德文　对啊。你知道不，外面论文辅导机构改一篇论文好几千块呢，咱导儿不收钱！

三花　你信不信我把这话告诉咱导儿去？我就说你要薅羊毛！

德文　没事，你去吧。我如果在毕业前能薅上咱导儿十几次羊毛，咱导儿只有高兴的。

三花　十几次，你不会想同一篇文章让咱导儿给你改十几次吧？

德文　不会，我可没那勇气。我的意思是十几篇。

三花　好，这真是个令人高山仰止的目标。

德文　话说回来，你刚才说现在没写论文的第二个理由是啥？

三花　我感觉我水平不够。

德文　你是跟咱导儿比水平去了？

三花　怎么会！

德文　"水平不够"的意思是，你感觉自己写不出来论文？这不可能吧？本科生都能写毕业论文。

三花　我是觉得，咱们是"写论文"不是"水论文"，所以写出来的东西应该是我自己感觉很完美的东西。但是，现在的问题是，我心里没底啊。总感觉对要写的问题理解得还不够深入，不是动笔的好时候。

德文　你是完美主义者吗？

三花　我觉得我不是。比如在淘宝买东西我不会纠结究竟哪家最便宜，感觉这个价位我可以接受就行；打扫卫生的时候，我也不是必须一尘不染，感觉过得去就可以。

德文　那……写论文这事儿你咋就追求完美了呢？

三花　因为学术是一件很神圣的事？

德文　这么跟你说吧，我本科的时候认识一位老师，他是这么跟我讲的：一个人从 60% 提升到 90% 很容易，但从 90% 提升到 99% 非常难，从 99% 提升到 100% 就大概是奥运会水平的竞争了。你理解这句话吗？

三花 理解啊。我高中时也听人说过，在高考复读班里，专科分数的考生很可能在一年后提升到本科分数；但哪怕是前一年距离清华只差 10 分的同学，复读一年也不一定能再提升那十分。

德文 所以，写论文这事儿，你也许会有一天能达到"完美状态"，但是，你猜那一天可能是什么时候？

三花 再过一年？

德文 你这答案让我眼前一黑。还好你没跑去告诉咱导儿你想一年后写论文。我觉得，你达到完美状态的那天，很可能是你博士毕业的那天。

三花　怎么可能！你这句话有逻辑错误。我根本不可能等到"博士毕业"那天才能达到"动笔的完美状态"，因为，那样我就没法儿博士毕业啊。行了行了，我懂了，你是想劝我，早点动笔不然没法毕业，对吧？

德文　不是不是，我可没劝你"水"一堆论文然后花钱发在著名的黑名单刊物上。我想说的是，所谓"可以动笔写论文的完美状态"并不是你空想当中的"我一年后学术水平一定会有大幅度增长"的状态，而是，"依据我现在的水平，对正在研究的问题不可能再有更深入的研究"的状态。再打个比方，我有个外甥，他现在小学一年级，在电子琴兴趣班学会了一支曲子《小星星》，老师说已经没有什么可以纠正之处了。你觉得，这孩子能不能去参加社区晚会？

三花　能！小朋友需要鼓励！

德文　你这时候怎么不说，《小星星》太低端，我外甥需要学会演奏《春节序曲》才能上台演奏？

三花　……那是啥？

德文　电子琴考级八级曲目，你在春晚经常能听到。我姐姐会弹，她是小学音乐教师。

三花　懂了！小外甥现在的水平只能弹《小星星》，他就应该把《小星星》当作演奏曲目，而不是说等到有一天能弹《春节序曲》才上台。所以，我现在的水平只能把这个题目研究成这样，我就应该努力写完论文投出去，而不是等到有一天我能写出传说中的高级论文才去动笔写。

德文　对！毕竟谁也没指望你第一篇论文就发在《中国社会科学》上，对吧？

三花　懂了懂了！反正我短期内提升不了太多水准，所以……

德文　等会儿，我还得再纠正你一件事。你觉得，我外甥为什么现在要练习《小星星》而不是让我姐姐直接教他《春节序曲》？

三花　因为，揠苗助长是行不通的？

德文　不，因为不练习《小星星》这种简单的曲子，就永远不可能练习复杂的曲子。

三花　你还是想说写论文的事儿，对吧？知道了，如果我现在不写论文，我就不可能提升写作水平，未来就写不出更好的论文。

德文　嗯呢！我就是这个意思。

三花　有个问题：这些道理你是怎么懂的？咱导儿给你开小灶了？

德文　没有的事，你知道我比你大两岁吧？我不是应届生，硕士毕业后我先在我母校当了一段时间科研助理才考博过来的。所以一些基本常识我略懂一点，但科研规划啥的还是不太懂。比如上次乱看书那事儿不还被咱导儿说了？

三花　我又不嫉妒你！

德文　唯什么与什么难养来着？

　　三花同学回到宿舍之后，认为德文同学的提醒非常有道理。其一，自己的水平确实没法短期内大幅度提升，但如果自己真的什么都不写，那么就永远等不到提升水平的那天啦！毕竟，"水平"不会从天上掉下来！其二，"在自己能力水平范围内尽力去写一篇"也并不丢人。于是，在认真梳理了读过的文献之后，三花同学决定开始动手了。一个月过后，三花同学的第一篇小论文出炉了，她同时发给了有余教授。改过两稿过后，三花同学把稿子投了出去并成功发表在了某口碑还行的普刊。稿子出现在中国知网那天，三花收到了德文的微信贺电："恭喜恭喜！写论文其实也不难，对吧？"

三花　对！可是我啥时候能发一篇 C 刊啊？

德文　下一篇？

第 9 话
三花同学的期末总结与下学期规划

不知不觉中，第一学期已经结束了。买好回家火车票的三花同学约了大橘师兄吃饭。

三花 师兄，论文初稿弄完了吧？

大橘 我前几天预答辩你不是也来了吗？

三花 对啊，所以前几天没敢找你出来吃饭，怕你太忙。昨天看到你朋友圈的内容是站在阳台喝啤酒，我估计你应该弄好初稿了。

大橘 差不多吧，昨天交给导师了。不过喝啤酒那事儿倒不是庆祝交稿子，而是安慰对面那栋楼的某博士生。当时宿舍楼锁门了我出不去，所以我俩分别在各自宿舍的阳台喝酒，然后把微信语音功能打开了。反正跟见面差不多。

三花 那位咋了？

大橘 那位博士生今年已经第四年了，昨天开题挂了。

三花　啊？第四年了，才开题……这位师兄咋的了？

大橘　其实也没啥，就是前几年科研一直不顺，没事就换方
　　　向，先研究反垄断，再研究外国法院判决在中国的承认
　　　和执行，结果哪个都没研究明白。昨天开题又说要研究
　　　知识产权法的域外适用……后来老师们都说他前期研究
　　　成果不够，文献阅读得也不够，很多该读的都没有读
　　　到，直接结果就是提纲非常不像样子，写得一点都不专
　　　业。然后就挂啦。

三花　那这位师兄为什么定不下来研究方向呢？

大橘　因为他兴趣点太分散了。他是真的对学术有热情，但可
　　　怕的是，他对啥都有热情！我们都劝过他，再咋的也先
　　　围绕一个方向写写，毕业之后随便他研究啥呢。可
　　　是，他不听……

对啥
都上心的结果，
是一颗心劈八瓣

三花　好吧，师兄，我听。我保证从入学开始就围绕研修报告确定的主题去写，绝对不会东摸摸、西看看。

大橘　嗯呢，我才不担心你。你这学期咋样啊？

三花　挺好的！写了一篇小论文，已经在审稿流程当中了。

大橘　你跟你导师关系咋样？

三花　我觉得没问题啊。我刚开学的时候每两周给他发一次邮件讲我干啥了，我知道他老人家是看邮箱的。后来他就跟我说，不需要这么频繁，每个月跟他说一次就行了。上次写完论文，我导儿给我改了两次也没朝我发火。

大橘　那就好，话说，你导儿说的你都认同吗？

三花　应该也不一定？我也有不是很认同的。不过，我记下来就是了。

大橘　不错不错，至少知道不能跟你导师吵架。

三花　哈，真有跟导师吵架的？

大橘　有，我们那届就有啊。

三花　后来呢？

大橘　师生之间闹得很僵，导师表示这个学生没法带，学生表示要换导师。

三花　换成功了没？

大橘　当然没有啊。理工科那边的事儿我不清楚，但文科院系据我所知几乎没有成功换导师的先例。

三花　好的，我知道啦，以后肯定不能跟导师吵架。

大橘　你的性格，应该不是容易和别人发生冲突的性格。

三花　嗯呢，我觉得也是！

大橘　那你们同门之间的关系呢？

三花　我觉得我的同门德文同学很好相处啊。他上次还跟我讲怎么写论文的事儿了，我在论文写出来之后专门送给他超大一杯焦糖玛奇朵以表示感谢。

大橘　然后呢？

三花　然后他抓着我又唠叨了半个小时"第一篇论文和第二篇论文之间的关系"。我就说他是个好人么！

大橘　看来你这位同门是真正的乐于助人。你不嫌他烦吧？

三花　不嫌。反正他又不是在我面前吹嘘他自己有多厉害，而是在给我提建议。

大橘　你这心态不错！有这么好的同门是你的运气。我记得我上一届也有个同学特别自信，勉强能听进去师兄的意见，但绝对听不进同届同学的意见，当然也听不进下一届同学的意见。

三花　哈，你给他提意见了？

大橘　怎么会啊，那位师兄跟我也不是一个专业的，他研究的东西我也不懂。我是听我同学说的，说是他们师门开会，他汇报研究进展的时候被师弟提了反对意见，师弟说他研究的所谓"某某领域第一案"其实根本就不是"第一案"，前面还有个某某某案。然后，他可能是面子上挂不住，就直接跟师弟吵起来了。还不是纯学术探讨，而是"你才读了几年书"的那种人身攻击。

三花　后来呢？

大橘　后来，他们导师出来调停了，先说那位师弟的语气不够温和，以后提意见尽量委婉一些；再说他研究的那个案子确实不是第一案。但我们都能听得明白，仅就学术问题来讲，他师弟说得更有道理。

三花　没事没事，我绝对听得进同门的意见。师兄你知道吗，我是我们这届年纪最小的，其他人都比我大，说我两句没啥。甚至有的硕士生师弟也比我大。

大橘　你这个思考问题的角度也够清奇的，不过你能想得开就好。

三花　有啥想不开的，中学课本里有一篇古文叫《师说》，里面写了，"是故无贵无贱，无长无少，道之所存，师之所存也"。

大橘　好，你这么谦虚，一定能从同门身上学到很多知识。

三花　师兄，你为啥这么关心我的心理健康啊？

大橘　原因很简单，博一上学期往往是很多博士生比较受打击的一个学期。刚开学的时候，很多学生还是很意气风发的，感觉自己考上博士了，已经属于智力水平最顶尖那一批人了，发表核心期刊指日可待，学术新星不日将冉冉升起……然后，开学后没几天，绝大多数的学生都会受到或多或少的打击。有的打击是横向对比得来的，比如我们这届有位大神，博一上学期就发了两篇核心期刊，还是独著！

三花　师兄，这位大神的核心期刊作品应该是没读博的时候就写好的，对吧？所以严格来讲，只能说是这位大神本身就比较牛，而不是他"博一上学期突然就变厉害了"？

大橘　的确如此，但是，我就问你，身边有这么一位大神，你有危机感不？

三花　哈，我们这届还真没这种大神。不过我能想象到危机感。

大橘　对，这是横向对比，跟同班同学的。你们班没这种大神也就算了，那就应该不会打击到你。不过，还有一种纵向对比，是每个博一新生都会遇到的。

三花　我知道，纵向应该是跟师哥师姐比，对吧？

大橘　对。博一新生刚刚入学，就发现博二的师兄发了 C 刊，博三的师兄大论文都写得七七八八，小论文已经发了两个 C 刊了，还有一篇在排刊期。这种落差感肯定也很大。

三花　我……还好吧，我导师带的上一届师姐出国了，我现在还没见过她呢。所以我很难面对一个虚幻的形象产生落差感。再说了，师兄，我天天看着你发这个期刊发那个期刊，我也没啥落差感啊？

大橘　因为你神经比较粗？

三花　不是，因为我觉得师兄你可以做到，那我也可以。

大橘　你是在变相表示你觉得自己肯定比我强，对吧？

三花　哪有哪有！我是觉得，有师兄你珠玉在前，我踩着成功者的足迹走就行啦。

大橘　行了，我真是白操心你，你这心理素质不是一般的好。

三花　谢谢师兄，来，吃小龙虾。

大橘　我是得补补，写毕业论文写得我都瘦了。

三花　毕业论文这么耗人心血吗？

大橘　我先不吓唬你了，但这么说吧，我室友写着写着就开始含服西洋参了。

三花　师兄，你现在没事吧？有没有想要吐血或者晕倒的感觉？

大橘　不至于，虽然我昨天才把定稿发给导师，但我在此之前已经排版校对了两个星期了。这俩星期我几乎没怎么动脑子，所以体力脑力都恢复得差不多了。

三花　啥，排版校对需要两个星期？

大橘　我这还不敢保证里面肯定没有错误呢！算了，这事儿我先不跟你讲，等你写完毕业论文时再说，反正到时候我应该还在京城。

三花　啥？师兄你不是明年就毕业了吗？

大橘　对啊，不过我联系过距离咱们不远的汪大，那边表示今年确实有用人计划，不过可以等我三月份论文送审之后再说。

三花　哇，师兄加油！

第 10 话
"没抄"就不会有学术道德问题？不是哒！

　　博一下学期开学，有余教授继续找三花和德文吃工作餐。

有余教授　你俩都开始动笔写论文了吧？

三花 & 德文　是的，老师！

有余教授　好，那咱们今天来聊个老问题，学术道德问题。

三花　老师，我觉得我应该不会有学术道德问题。因为我每一个字都是自己写的！

有余教授　你是觉得，只要是自己写的，就一定不会有学术道德问题，是吧？

三花　是。

有余教授　德文，你觉得呢？

德文　老师，我觉得不一定。但我也只能想出一种情形：一稿多发，就是同一篇稿子刊登在不同期刊上。

有余教授　对，这当然是非常显眼的学术道德问题。不过，这
　　　　　些年，此种现象已经很不常见了。你们猜是因为什么？

三花　我知道！因为期刊都上网啦。一稿多发很容易被发
　　　现，后发表的那个期刊很可能就选择撤稿了。

有余教授　其实都不一定能走到"撤稿"这一步。知网查重系
　　　　　统你们都知道吧？现在期刊编辑部通常都会在发表之前
　　　　　把论文放在系统里查一次重，重复率太高的文章就不会
　　　　　见刊了。哪怕是同一篇文章换了一个标题去投稿，知网
　　　　　也一定能查出来一稿多投。说到查重，你们知道咱们毕
　　　　　业论文都是要查重的，对吧？

三花　知道啊，我们硕士学位论文也需要查重。老师，我有个
　　　问题哈，咱们毕业论文查重算"自引"吗？就是说，我
　　　把我自己发表的论文放在博士学位论文里，作为博士学
　　　位论文的一章。这种情形会被标记到总重复率当中吗？

有余教授　会。但，知网查重会同时出具几个数据：其中一个
　　　　　是总重复率；另一个是排除自引后的重复率。前者必然
　　　　　大于后者。但是博士毕业论文要求的"重复率"是"总
　　　　　重复率"还是"排除自引后的重复率"，各学校的要求不
　　　　　一样。前些年，我听说有的学校是后者，但咱们学校是
　　　　　前者。

德文　老师，也就是说，假设我的博士学位论文都是由自己的
　　　已发表论文组成的，那么，这就完全可能引发学术道德

问题，对吧？

有余教授　对。但其实没那么夸张，你改写一下总成吧？

德文　好的，我记住了！到时候我重写一遍！

有余教授　其实也用不着"重写"，只要扩写一遍就可以了。比如，小论文当中由于字数所限未能展开的案例，在大论文里完全可以展开到原字数的两倍。小论文当中可能一句话带过的"正如罗尔斯所述……"，在大论文里完全可以写成独立的一段。这样既可以丰富大论文的内容，又不会导致查重问题。毕竟，"观点雷同"可不是查重的指标之一。

德文　老师，也就是说，您不介意我们把小论文里论述过的观点，在大论文里再论述一遍，对吧？

有余教授　当然不介意啊。咱们接着讨论学术道德问题，除"一稿多发"之外，还可能有什么情况会导致"自己写的东西也有学术道德问题"？提示一下，"自己写的"并不代表"100%来自自己的创意"。毕竟，咱们文科生写论文，总要援引别人的著述，对吧？

三花　懂了！如果写论文的引证不够规范，也可能产生学术道德问题。也就是说，我没复制粘贴别人的东西，但我引证别人观点的时候没加脚注，哪怕是"转写"或者说是"概括大意"，也可能引发学术道德问题。

有余教授 对。引证别人的观点时如果不标明这个观点是从哪里看到的，就很有可能会被当作"偷天之功、据为己有"。这种问题是查重系统发现不了的，但并不代表读者们发现不了。你们可以设想一下，某位同学打开中国知网下载了你的论文，但读了两页后惊悚地发现，你的正文里讲的，居然和他导师论文里说的是一回事儿……

三花 老师放心，这种窃取别人观点的事儿，我是不会做的！

有余教授 没说你有意抄袭，事实上，"引证不规范"这事儿多数都是无意中做出来的。比如某些同学写论文时文思泉涌，一天写了五六千字，但写着写着就忘记在引证之处加脚注了，心里想着"我定稿的时候再统一加脚注"，结果，定稿那天就全忘光啦。

三花 也就是说，为了避免这种"忘记加脚注"的情形，我应该一边写一边标注好引证？

有余教授 对，但不需要标注得那么完备，引证格式问题完全可以定稿时再整理。我围观过某些同学写论文，刚写两行，就停下来加脚注、调整格式、排版……看得我急死了！

三花 老师您别急，也许这位同学原本就没思路呢？

有余教授 我估计这位同学把"形式要件"都弄完备后，哪怕"有思路"也被耽误到"没思路"了。当然，刚才我们说的"忘记加脚注"是一种不经意间犯下的错误，但也有一种人是故意引用别人的文献不加脚注。这种方式也叫"洗稿"，就是把别人的论文换种方式表述出来，整体论证结构和段落大意都沿袭自别人，但由于语言存在很大改动，所以查重系统是无法发现二者重复的。

德文　老师，这种情形您见过？

有余教授　见过。我常年担任硕士学位论文盲审专家，某年就曾经发现过类似的情形：硕士学位论文写得相当漂亮，但我总觉得有一种似曾相识的感觉。后来，我突然想起来，这不是我读过的某某博士发表的一篇论文么！只不过被人改头换面又写了一遍！

德文　老师，后来呢？

有余教授　后来，我直接以"涉嫌学术不端"的原因把论文退回了，具体后续怎么处理就是法学院的事儿啦。

德文　老师，那还有哪些典型的学术道德问题，是我们一般容易忽略的？

有余教授　还有一件事，倒也不算是"学术道德问题"，但却是学术新手很容易出现的问题。选择性搜集材料，听说过没？

德文　没。

有余教授　简单地说，就是"发现了和我观点一致的材料，留下；发现了和我观点不一致的材料，扔掉"。

三花　哈哈哈！老师，这种人是先有观点后搜集材料吗？

有余教授　差不多。这种情形倒不算是"学术道德"问题，因为我们也没证据证明作者实际上看过了立场完全相反的材料。但是，这种情形很容易误导不明真相的群众，也很容易在论文发表出来之后被人口诛笔伐，或者用更通俗的词去形容——很容易被别人写论文去批判："与某某某商榷"。

三花　可是，老师，假如我真的是勤勤恳恳阅读了很多资料但真没发现某些"和我观点不一致"的材料呢？

有余教授　那没事儿。学术界能容忍错误的发生，但不会容忍弄虚作假者的存在。说到这个，其实还有一种"擦边"学术不端的情形，叫作故意曲解，或者说断章取义。这种情形通常出现在学术经验不是很丰富的小朋友那里。你们见没见过有些低年级小朋友，写论文的时候喜欢摘抄案例或著述当中的一句或几句话，放在自己的论文里？

三花　见过，然后呢？

有余教授　然后，如果你读过案例全文或者著述上下文就会惊悚地发现，这位小朋友引用的根本不是作者的真实意思。打个比方，作者的原文可能是"要注重物质文明，但同时也要注重精神文明建设"，但在某位小朋友论文里，就变成"某某曾经论及，精神文明的建设比物质文明建设更加优先"了。甚至，还可能变成"某某曾经论及，物质文明十分重要"。你们说这样对吗？

三花　不对！前一种引用方式写出来了作者完全没有提及的内

容，不论应当"更加注重"哪一种文明，作者的原文都
无法推导出"精神文明更加优先"。后一种引用方式就是
断章取义了，根本没理解作者的真实意图——强调"精
神文明建设"。

有余教授　说得没错！上述这种引用方式，完全可能招致原作
者的反感。套用网上一个梗：

> 鲁迅说："我没说过这句话！"

说到"故意曲解"，其实这个问题在使用英文资料时还会
有一个变种：添油加醋。大家都知道，英文资料是不能
直接引用在论文正文当中的，应该在正文中放翻译过的
版本，至多将原文放在脚注或尾注当中。但有的同学在
翻译英文资料时放飞自我了，把平平无奇的英文资料翻
译得一波三折。我举个例子，"No Party shall require a
covered person to use or locate computing facilities in that
Party's territory as a condition for conducting business in that
territory"。这句话很正常，是吧？

三花　是。

有余教授　可偏偏有同学会把它翻译成"如某一缔约方要求他
方自然人或企业以使用该国境内计算设施作为营业条
件，该国的行为就构成国际不法行为"。

三花　单从理论上讲也没错，但咋就觉得怪怪的？

有余教授　的确怪怪的。国际不法行为这个词一般很少在国际
　　　　　经济法当中提及。用到这个词，通常是国际公法范畴。

三花　好吧。这种倒不算学术不端，但怎么看怎么像"机
　　　　翻"的。

有余教授　说到这个，我还得跟你们谈谈计算机辅助科研当中
　　　　　的学术伦理行为。其中一种情形就是"机翻"。咱们讨论
　　　　　一下，机翻到底违不违反学术伦理？

三花　老师，我觉得不违反吧？只不过机翻出来的文本不是很
　　　　符合中文语法习惯，总感觉怪怪的。

有余教授　你感觉"怪怪的"很正常，事实上，中英文语法原
　　　　　本就不同，哪怕是人工翻译也很可能存在各种"不通顺"
　　　　　之处。所谓"信达雅"可没那么容易达成。而计算机往
　　　　　往只能做到"把意思传递过去"，而且很多情况下"传
　　　　　递"得还不十分准确，无法捕捉到很多细微的语义差别。
　　　　　至于语法修饰就更别提啦。所以，我通常禁止学生在论
　　　　　文写作当中使用"机翻"。

　　　　　回到咱们最开始的那个问题，"机翻"本身并不必然违反
　　　　　学术伦理，但有两个例外。第一个例外，是没有标明引
　　　　　证，即"把外国人的东西机翻成自己的"，这种咱们都
　　　　　懂。第二个例外，是"要做的工作原本就是翻译"。你们
　　　　　可以设想一下这种情形：某出版社联系了一位翻译，请
　　　　　他把某本书译成中文，但这位翻译直接把书稿喂给翻译

软件了……

德文　哈，这肯定是违反职业道德的！可以比作"我去星巴克喝咖啡，但对方给我冲了一杯雀巢速溶"。

有余教授　对。但不论如何，你们在论文写作过程中都不要使用"机翻"。可以使用翻译软件查找下关键词的中文表述，但直接把软件输出的内容复制粘贴到论文里是大忌。

德文　老师，那我可不可以先让翻译软件工作一下，再整理成比较地道的中文放到论文里？

有余教授　没什么不可以的，这跟"使用电子词典"没什么区别。但需要注意的是，这样做的前提，是必须把软件翻译出的内容与原文逐字逐句对比一下，以确保不丢细节、不改细节！如果盲目相信翻译软件输出的内容，就很容易以讹传讹。顺便问一句，你在什么情形下需要这么做？

德文　嗯……引用国外学者著述？

有余教授　可以，但强烈不建议你这么引用。如果你引用的是法条，逐字逐句翻译也就算了，毕竟"引用法条"不大可能引发版权问题。但如果是学者著述，你原封不动引用了一页半……这很容易引发抄袭问题，哪怕标注了"引证"也是一样。

德文　好，我今后注意！

有余教授　下一个计算机辅助科研的问题，是"使用人工智能辅助写作"。你们用过 AI 没？

三花　用过啊！前段时间某人工智能挺火的，我们都去和它聊了会儿天。

德文　用过！只不过我觉得"人工智能"有点儿智障？我不觉得那东西能辅助我写作。我在网上曾经看到过一个新闻，有位律师想要写起诉状，让人工智能帮忙找点儿资料，但人工智能给他虚构了几个判例，这位律师还不假思索地引用了。然后，他的案子就凉啦！

有余教授　很好，这也就是我想跟你们说的：人工智能可以辅助写作，但永远不要期待它能替你写作。人工智能的第一个问题，是它并不总会说真话，完全可能会虚构一些内容给你。我认为，这甚至不必然是因为网上的资料鱼龙混

杂，人工智能因而不小心参考了错误资料。毕竟，我曾经
见过人工智能虚构出"在任何网站都搜不到"的资料。

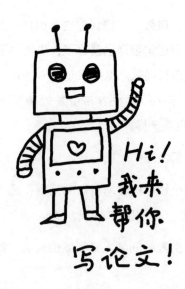

三花　明白了，所以我不能让人工智能帮我查资料，资料还得
自己去搜。对吧？

有余教授　差不多。你让它替你查资料也可以，但你必须一一
核对，否则就得"文责自负"或者说"自担风险"。

三花　算了！我还不如自己查资料！否则，要是人工智能给我找了
十个案例，我查询后发现其中九个都是错的，我得抓狂。

有余教授　不仅如此，人工智能也不能替你写文章。我曾经试
过，把资料喂给人工智能，然后告诉它，我想写一段关
于什么主题的论述。

德文　老师，然后呢？

有余教授　然后，它给我写了一段完全不具有学术色彩的论述。

德文　有多"不具有学术色彩"？

有余教授　知网被罚款这事儿你听说了没？

德文　听说了啊。

有余教授　我把这个新闻喂给人工智能了，让它用学术论文的写法试着评述一下。然后，它交给我这个：

> 知网在接受行政处罚的同时，应该认识到合规处理个人信息的重要性。合规处理个人信息不仅是法律法规的要求，也是对用户权益的尊重和社会责任的体现。通过制定明确的隐私政策、提供明确的个人信息收集和使用规则、加强技术安全措施以及完善账号注销和个人信息删除机制等措施，同方知网应该努力恢复信任和确保信息安全。

德文　……老师，这是本科生期末作业水准？

有余教授　不，我觉得这是本科生期末考试水准。但凡有点参考资料也不至于写成这样。来，你跟我说说，上面这段究竟是怎么不"学术"了？

德文　首先，上面这段写脱节了。AI 或许能从新闻当中发现，知网被处罚是由于合规处理个人信息问题。但随后的分析段落就从"合规处理个人信息的重要性"开始演绎了，这段内容更像是对于"为什么要合规处理个人信息"的阐释。

其次，这段分析如果是要用在法学论文当中，至少需要写明法律渊源、具体规定内容。但 AI 并没有遵循学术规范。

最后，这段分析写得很"空"，没写出任何我不知道的内容。或者说，没什么学术创造性。所以我刚才才会说，这看上去就是本科生期末作业。

有余教授 差不多。人工智能其实不大具有创造性，无法写出任何"你不知道"的东西，也无法在两件看似无关的事件之间建立起联系。所以，你们还想用人工智能写论文吗？这倒真没有什么学术道德问题，只不过，写出来的东西根本无法发表在核心期刊上。

三花 老师，那人工智能可以用来干什么呢？这东西真的能辅助科研吗？

有余教授 能，它可以给你当秘书。举个例子，当你拿到一份英文资料，但感觉写得过于晦涩，你完全可以请它替你写得简单一点儿。你还可以拿它当搜索引擎。比如，你不知道某个条约的全称，但知道它大概是关于什么的，你可以把你知道的东西敲进计算机，请 AI 帮你联想一下。举个例子，我有一次问 AI："我需要找一个条约，其中规定了非歧视义务。一国政府有义务给予进口货物和本国货物在国内税收领域同等待遇。请问这个条约可能是什么？"

三花　哈，我知道答案。

有余教授　AI 也知道。它告诉我："你要找的条约很可能是 GATT 1994，它的第三条和你说的非常类似。目前，GATT 1994 是 WTO 规则的一部分。"

三花　哇！好神奇啊！老师您刚才描述的"国民待遇"并不是经典定义。而是一个高度口语化、通俗化的版本。

有余教授　对。但我正是由于背不下来经典定义才需要人工智能协助我啊。事实上，咱们的记忆很可能都是这样的：只能记住一个学术问题最核心的内容，但无法对此进行确切的描述。但仅凭咱们描述出来的一点点内容，AI 就能识别出准确的内容！

三花　所以，AI 可以帮助我们查找准确的学术概念，理清记忆碎片？

有余教授　没错，所以，如果思路打不开，可以去和 AI 聊聊。但你别指望它替你写几段。对了，我还在网上看到一个提示，但不知道靠不靠谱哈：不要把你认为有价值的东西随随便便丢到 AI 里面去，因为，你永远也不知道它会不会把你上传给它的东西和别人分享！

三花　啊啊啊啊啊！好的！太可怕了！

第 11 话
跟我导儿做项目是浪费时间吗？

博一下学期开学，三花同学继续找大橘吃饭。

三花　师兄，求助！

大橘　又咋了？寒假过得好不好？

三花　寒假过得挺好，又整出来一篇小论文初稿，现在正在修改中。师兄你毕业论文交上去了没？

大橘　交了交了！博士生 3 月 10 日提交查重稿，我 8 号就交了。今天上午查重结果发布了，我 9.9%。

三花　恭喜师兄哈！话说，是不是只要论文是自己写的，查重率都不会太高啊？

大橘　差不多吧，但也不一定。影响查重率的一共有几个因素：其一，是你"抄"了别人的东西，但这个可能性不太高，咱们的博士生通常都很有学术道德。其二，是有些常见表述完全可能同时出现在你的论文里和别人的论文里，这就很容易被认为是"你抄袭他"。

三花　比如？

大橘　法治兴则国兴，法治强则国强。

三花　哈哈哈，懂了！

大橘　还有"其三"，也是咱们法学类论文查重的重灾区：法条。

三花　好吧，这个我懂。我硕士学位论文查重就遇到过这个问题。我们有个同学在论文里放了一个附录，内容是他汇总的全部法条。然后，查重那天，他把包含附录的稿件全文提交上去了！

大橘　然后呢？

三花　查重率 30%！

大橘　估计就是这样。对了，你刚才说有啥事找我帮忙？

三花　嗯，师兄，我有个事儿哈，我导师跟我们说了，他有个国家社会科学基金项目需要做，问问我们谁愿意做，不愿意的不要求。师兄你说，我要不要做？

大橘　具体啥内容？

三花　帮导师整理前期文献，然后写论文。

大橘　项目内容和你的毕业论文直接相关吗？

三花　师兄，要是直接相关的话，我就不纠结啦。有些关系但不是直接相关，当然也不是我完全不懂的一个领域。

大橘 那么我建议你去做一下。

三花 是因为我可以在简历上写"参与某某项目"吗？

大橘 可以，但那只是最不重要的一个原因。更重要的原因是，你可以在这个过程当中学到很多东西。你们博士二年级上学期期末要进行中期考核，其中一个重要环节就是"是否协助导师完成教学与科研工作"。你猜为什么要这么设计？

三花 不知道？

大橘 亲，你是不是认为，导师对于博士生的唯一功能就是帮你修改论文？

三花 当然不是啊。导师还会请我喝豆浆！

大橘 说正经的，我建议你参与一下，是因为，这是很长一段时间内你能拥有的参与国家级别项目，而且有人手把手指导你的唯一机会。

三花 师兄，你觉得这个过程中我能学到什么？

大橘 你导师肯定不会叫你去"开荒"，对吧？也就是说，他不可能对这个项目毫无研究就让你去做了？

三花 应该不会。因为，国家社会科学基金是不可能颁发给一个对于项目完全不懂的人。

大橘　对！能够成功地申请到国家社会科学基金项目至少说明，你导师对此项目已经有了一定的了解而且读过相关文献，也有一定的前期研究成果。

三花　师兄，你咋知道的？

大橘　你猜，我交了博士毕业论文之后，这几天在干啥？

三花　躺平？

大橘　没！我导师让我下载一份国家社会科学基金申报表，然后试着填一填。他说了，这是在博士阶段能够教我的最后一件事。

三花　哈，你导师教你申请项目！

大橘　对。我在表格里就发现了这么几项内容：国内外研究现状综述、本课题较之于已有研究的创新之处、课题大纲、前期研究成果。

三花　明白了！那么？

大橘　所以，你首先能够学到的是，你导师是怎么发现这个题目的，他为什么会把题目设计成这样，这个题目为什么包括这些方面，要从哪些角度入手去研究这个题目。

三花　我怎么听着这么耳熟呢？

大橘　我提示你：开题。

三花　啊啊啊啊，懂了！也就是说，这个过程，我等于提前学

　　　　习了如何下手一个博士学位论文选题？可是，师兄，我
　　　　入学的时候是提交了研修报告的，我不需要再选一次题
　　　　了吧？

大橘　告诉你一个秘密：我们这届到了论文开题阶段，已经有
　　　　三分之一的同学换了选题。也就是说，跟研修报告完全
　　　　不一样了。原因是五花八门的：有的是因为研修报告当
　　　　中的选题已经随着立法的通过而实际上没有研究价值了；
　　　　有的是因为当初的选题正好被上一届的师兄师姐写过了；
　　　　还有的是因为同学自己对题目失去兴趣了，感觉根本写
　　　　不出任何新意。

三花　所以，师兄你是说我完全可能换选题？

大橘　那倒不是，毕竟还有三分之二的同学没换选题。但即便
　　　　是不换选题，这些同学也会对题目进行调整。比如适当
　　　　扩大研究范围，更换题目当中的一个关键词等。而
　　　　且，大家几乎都不会使用原有的大纲。

三花　因为读了两年博士，眼界上去了？

大橘　都不需要两年，你现在去看你当初的研修报告，都会感
　　　　觉写得不完整。

三花　所以，话说回来，我跟导师做课题，首先要学习的是他
　　　　如何设计一个选题。

大橘　对！你刚才说了，你导师说还有很多原始资料需要整理

是吧？

三花　对。那个题目项下有很多案例和论文还有国际组织报告。

大橘　好，也就是说，你去"做项目"，其实第一步是先学习。当然，学习的内容不仅是知识本身，还会包括如何处理资料、如何从资料当中发现问题、如何确定论文选题……

三花　也就是说，我跟导师做项目，基本流程应该是这样的：先整体了解这个项目，然后思考一下导师为什么这么设计项目。

大橘　对。尽量自己想明白，想不明白再去问你导师。

三花　然后，我去阅读导师搜集好的相关资料。

大橘　对。当然也可能是导师指个方向然后你去整理资料。比如，你导师可能告诉你，"某某领域大概有十几个投资争议仲裁案例，最典型的是某某某案，其余的案子你自己整理出来"。我有个同学，跟导师做项目的时候，抱着北大法宝整理了两百多个案子。

三花　明白了！然后，我去整理资料，发现资料和要研究的课题之间的关系，发现其中的问题，再去写论文？

大橘　对。这个过程当中，你应该会跟你导师汇报很多次，比如你为什么认为这是个问题、这个问题为什么还没有人研究过、你为什么觉得能够写出来一篇论文。

三花　而且，我导儿肯定对这个领域无比熟悉？

大橘　是啊，所以他一定能指导你。顺便说一句，还有一种可能，是你和同门们共同整理出一堆资料，然后共同使用这些资料写论文。不过，如果真的是这样，我还是建议你尽量阅读原始资料，不要直接用别人整理过的东西。

三花　哈，这个我懂！不然不大礼貌！相当于别人切好了菜被我拿去炒了。

大橘　不仅仅是个礼貌的事儿。你确定你和你同门面对同样的原始资料能得出同样的结论吗？

三花　不可能啊。否则学术界对于同一问题的争论是怎么产生的，总不至于是一方明显错了还要强词夺理？

大橘　对！概括地讲，跟你导师做项目，可以学知识，还可以学习研究方法，没准还能顺手利用项目资料发点儿论文。这些不仅都不需要交学费，你导师至少还会请你吃几顿饭，而且我几乎可以肯定，他会多多少少给你发点儿劳务费。咋样，划算不？

三花　师兄，我有个疑问：我导儿为啥还要问我们要不要去做项目啊？这得多傻的学生才会放着这么多知识不去学啊？

大橘　今天是哪个傻瓜约我出来吃饭的？还说有事要问我？

三花　至少我知道问你啊！

　　后续：博一下学期，三花同学协助导师整理出了两万字的案例综述，对于某个小领域有了更深刻的理解。除此之外，三花同学的收获还包括：

1. 利用项目资料写了一篇小论文，算是导师项目和她自己毕业论文选题的交叉领域成果。目前小论文挂着导师的项目正在投稿中。

2. 三花同学学到了一个宏大的选题具体应该如何架构。导师的项目如果写成一本书，估计得有二十多万字。三花同学表示，这个架构的过程跟三万字的硕士学位论文真的不！一！样！

第 12 话
导儿，我需要现在就有个大论文框架吗？

博士一年级下学期的六月份，在围观过上一届开题后，三花同学和德文同学再次见到了导师。

有余教授　三花，德文，你们俩听完上一届开题，有什么感受？

三花　老师，我觉得，师兄师姐们的开题，应该都不是很完美？似乎每个开题报告都能被老师们挑出来一堆问题。

德文　我的感受是开题真不容易！

三花　不过，师兄师姐们并没有全部挂掉啊，最终被挂掉的也只有个位数。

有余教授　三花，你猜，这可能是为什么？

三花　因为题目本身还是可以写的？

有余教授　对。开题阶段必然不可能是完美的，这谁都知道。我们对于开题的评判标准也只有一个：这个题目是不是真的完全不能写？只要还有"改改还能写"的可能，我们通常就会在提出意见后予以放行。

三花　哈，那我就放心了！

有余教授　我这次叫你俩过来，是想问问你俩，到目前为止，大论文选题应该还是考博时提交的研修报告当中的那个，对吧？目前有什么设想吗？

三花　老师，我需要提前一年就开始弄开题报告吗？

有余教授　不需要，但你需要从现在就开始思考。

三花　老师，我可以问问为什么吗？

有余教授　德文，你觉得呢？

德文　我觉得，老师您可能是怕我们跑偏，一头扎进一个没法研究的问题里面出不来。

有余教授　这的确是个原因！你们上几届有一个学长，他的特点是，每隔一年就会发现自己拥有了一个全新的兴趣点。研究方向特别杂。

三花　老师，我好像听说过这位学长，是不是开题挂掉了？

有余教授　对。因为他对每个问题的认识都很片面，开题报告也弄得像硕士生似的。

三花　老师，我确定我没有跑偏。我考博时提交的研修报告当中表示，我要研究贸易救济问题。我此前一年都是围绕这个领域进行的研究。上学期时，我就"市场经济问题"

在《反倾销协定》项下的流变写了一篇文章，现在已经发表出来了，虽然等级不是很高。寒假时，我就"外国补贴"问题写了一篇文章，现在正在审稿流程当中，目前已经过了外审。这学期在做您的项目，我同时发现了一个和贸易救济问题交叉的"点"。您的项目是关于竞争中立的，所以我想写一篇"贸易救济措施中的竞争中立"问题。现在提纲已经列好了，随时可以动笔。①

有余教授　你这个小论文选题没跟我说过吧？怎么想到的？

三花　老师，我的确没跟您说过。总不能"灵光一闪"就去打扰您。我是在做项目的时候发现，竞争中立问题是国有企业待遇问题；而"国有企业问题"在贸易救济措施当中也有体现啊。竞争中立讲究的是国有企业不能获得较之于私营企业更好的待遇；而贸易救济措施领域也会研究，政府和国有企业之间的赠款、交易……是否属于补贴。所以，我就感觉，能不能把二者协同考量？

有余教授　好！写完给我看看。

三花　好哒。所以您放心哈，我目前仍然没跑偏。

有余教授　德文，你呢？

---

①　此处说明：本书中所有对学术问题的阐释都是真实可考证的，但读者朋友们不需要了解学术问题的细节，观其大概即可。上面那段阐述，读者朋友们仅须发现"三花同学围绕某题材写了三篇文章，其中第三篇是导师课题和她博士学位论文选题的交叉"即可。下文所有学术问题探讨，也请读者朋友们同样对待！

德文　老师，我也是！我写小论文也同样是围绕着同一个领域进行的！我研究的一直是数据跨境流动……（此处省略一千字）

有余教授　好，其实看着你们不要跑偏仅仅是一个原因。我今天还想更进一步，问问你们对于大论文的主题有什么想法？

三花　老师，我跟您说了啊，我还是想写贸易救济。

德文　嗯，三花，有没有一种可能，咱导儿问的不是"论域"是"中心思想"？

三花　区别是啥啊？

德文　区别是，"论域"是说你想研究哪个领域。中心思想是说，你想研究这个领域的啥问题。你可别说"我要研究贸易救济，我要研究贸易救济的问题！"

三花　不会不会。我的论域是贸易救济，我要研究的中心思想是：贸易救济措施，为啥现在这么花哨啊？一会儿被美国用来拿中国的经济体制说事儿，一会儿被欧盟用来应对中国给海外企业的贷款，这不科学啊！而且，美国和欧盟还双标！中国的国有企业的行为哪怕符合美国和欧盟提出的"竞争中立"标准，也会在贸易救济当中被针对！！！

有余教授　这就是你写第三篇小论文的灵感来源，对吗？是因

　　　　　为美国和欧盟在两个议题上的标准不一致，但你认为应
　　　　　该是一致的？

三花　对！打个比方，美国和欧盟的态度就像"我妈跟我说多
　　　　　吃青菜对身体好，但跟我爸说别吃青菜了吃肉就行"。这
　　　　　种态度要么是因为我妈舍不得给我吃肉，要么是因为我
　　　　　爸的身体状况异于常人。

有余教授　好，我明白了。那你说的"贸易救济这么花哨"能
　　　　　不能用学术语言表述？

三花　能啊。我再说一遍。贸易救济措施已经不止于传统的应
　　　　　对"不公平贸易"的功能，目前已经被美欧用来推行其
　　　　　全球贸易政策。

　　　　　我写的三篇小论文，都是围绕"美欧利用贸易救济措施
　　　　　推行其全球贸易政策"的不同方面来讲的。

　　　　　老师您看这样行吗？

有余教授　对，就是这个意思，这就是中心思想了。

三花　老师，您为啥要我概括出这一句话呢？

有余教授　因为，我现在需要你进一步聚拢你的博士学位论文
　　　　　选题了。一年级的时候，你有一年时间去探索你要研究
　　　　　的论域。毕竟，你要研究的"贸易救济"真的很广
　　　　　泛，咱们学校图书馆至少有十本包含这个主题的专著。
　　　　　你在考博的研修报告里拿不定主意要研究贸易救济的哪

一方面是非常正常的。但是，你再开学就博士二年级了，是时候将研究限缩到贸易救济这个主题的某一个特定方面了。否则，接下来这一年，我不敢保证你能围绕同一个问题研究，而不是把贸易救济方方面面都弄透彻了。后面这种情形才是灾难。

德文　老师，我猜，"方方面面都弄透彻了"的最终结果是写出来一本教科书，对吧？

有余教授　差不多。所以，我看到三花同学的三篇小论文实际上围绕着同一个中心思想去写，还是比较欣慰的！三花，你下学期能不能继续按照这个路径去进一步研究？

三花　好的老师！没问题！

德文　老师，我有问题！我觉得我博一的研究没有三花那么集中。虽然都是围绕数据跨境流动进行，但是，我写的三篇小论文其实是"碰上啥写啥"。第一篇是欧盟相关法律的域外效力，这篇发了个普刊；第二篇是中国《网络安全法》评析，这篇正在投；第三篇刚开始搜集资料，想写数据跨境流动对投资者待遇的影响。现在想来，这三个论文之间没啥关系……

有余教授　没事没事，我没逼你非得在三篇没啥关系的小论文之间找到一个共同的主题。顺便说一句哈，网上有一种很不负责任的说法：博士学位论文的写法，就是先写几篇同一主题的小论文，然后找出来共性，用同一线索把它们穿起来就行了。你觉得这种说法错在哪？

德文 可能小论文之间除了"领域相同"就没啥共性？

有余教授 对！硬是去找共性，就很可能找得很尴尬，或者说不伦不类。所以，我接下来并不想问你怎么把三篇研究穿起来。我想问的是另一个问题：你这三个题目是怎么选的啊？

德文 老师，我说了，是碰上啥写啥。第一篇论文是因为当时欧盟正好有一个"承认数字治理法律域外效力"的大案子；第二篇论文是《网络安全法》刚刚通过；第三篇论文是我看到有的学者在研究这个问题。

有余教授 好吧，现在把研究聚拢起来也不算晚。我刚才问你"选题"，是因为，还有一种"聚拢研究"的方法，我给它起名叫作"不忘初心"。在你写了同一领域的几篇文章之后，可以回头反问自己：我为什么要写这几篇文章？有没有什么统一的原动力？完全有一种可能，是那几篇文章的写作"初心"是相同的。

德文 老师，真的吗？

有余教授 真的。我自己的博士学位论文就是这种情况。我先是写了几篇小论文，写的时候并没有刻意去思考自己到底要研究啥。但是，几篇小论文写出来，我突然发现，这几篇论文的共性是，我最初都想解决同一个问题：在那个领域，中国究竟是要走美国的路还是欧盟的路？

德文　老师，您写论文时真没想到这个问题？

有余教授　没。我写论文时只是单纯地觉得，那个领域，中国有的制度像美国，有的制度像欧盟。我对此感觉很奇怪，所以就写了一系列论文去批判，"像美国的不该像美国""像欧盟的也不该像欧盟"。

德文　哈，老师，您最终的论文该不会起名为"某某领域中国应效法美国还是欧盟"？

有余教授　没，我最终的论文题目为"某某问题的中国路径研究"。

德文　这咋就一下子升华了呢。所以，这就是"不忘初心"式主题选择法？

有余教授　我估计这个方法对你应该无效，你就没初心。不过，没事儿，我还有一个办法：读后感式主题选择法。我举个例子，我有个朋友，某年寒假跟我回老家去玩了一个星期。我老家在东北。朋友回家之后，我问他，对东北有什么印象，我朋友回答：菜盘子也太大了！这就是个"读后感"，即对某件事的总体印象。

德文　所以，老师，您问的是，我做了那些研究，对数据跨境流动问题的总体印象是什么？

有余教授　对。

德文　我的总体印象是，国家总想管管发生在它境外的事儿？

欧盟法域外效力不用说了，我第一篇论文就是写这个的；我研究中国《网络安全法》也有这个感受。中国立法也有意愿去规制位于中国境外的事儿。

三花　德文，我有个感受，你这就是主题。

德文　啥？哈！耶！嘿嘿。

有余教授　三花说得对，基本上就是这个意思。哪怕你的研究内容比较分散，但只要这些内容能够给你一个共同的感受，那你完全可以把这个感受作为大论文主题。尽管平心而论，你写论文的时候完全不是出于"我要研究这个"的目的去写的。这个感受至多是写完论文的"副产品"或者说"写后感言"。

德文　好的！老师，我明白啦。那我本来想写的第三篇论文就先不写了？

有余教授　倒也没必要那么教条。你想写就写。谁也没说你读博期间每一篇小论文都必须围绕同一主题进行。

德文　好的！我现在对于一年后的开题更加有信心了！

有余教授　暑假快乐！

（出门后）

德文　三花，你为啥能有意识地围绕同一主题写论文呢？

三花　其实也不算"有意识"，只不过我研究的贸易救济领域有点儿特殊。贸易救济措施变相服务于经济政策这一

点，可以说是这个领域目前唯一的特征。换句话讲，我
也没别的主题可以研究啊。好比从咱们学校到王府井只
有一条公交线路 103 路直达，我只要告诉你"我是坐公
交去的"，就只可能坐 103 路。

德文　好吧！我研究的那个领域就复杂多了！

三花　往好的方向想，你写论文的角度也多啊！

德文　嘿嘿！

第三季

博士二年级：
我是师姐了！

博士二年级的九月，三花同学再次回到了熟悉的喵大。大橘师兄毕业了，不过没离开京城，去了某研究所读博士后镀金。德文同学回来得略早，已经打扫完宿舍卫生，站在窗口对拖着箱子的三花同学吼。

德文　回来啦？晚上一起吃饭？论文写咋样了？

三花(一脸正气地吼回去)　第三篇写完了！吃饭就算了，晚上咱导儿召见！

德文　对哦，晚上也召见我，我都忘了！咱们可以问问咱导儿要不要一起吃饭！

于是，当天晚上，三花和德文不仅蹭到了饭，还见到了新入学的博一小师妹，加菲。说"小师妹"其实不咋确切，因为，加菲比三花还大一岁……

第 13 话
三花答师妹问：关于读博的零碎小事儿

见到加菲后没几天，加了师妹微信的三花同学收到了信息："师姐，在不？可以出来喝下午茶吗？"

三花 行，那么下午见？

（当天下午）

三花 加菲，咋了？

加菲 师姐，我想请教些关于读博的小事儿。都是些很琐碎的事，我还不敢问咱们导儿。

三花 啥事？我知道的话肯定告诉你。

加菲 我想规划下读博这几年的学习情况，所以最近在网上看了一些和读博相关的帖子，但我发现这些帖子说得都很矛盾！我不知道该听谁的好了。有的帖子说，博士生不能读成书呆子，所以如果有机会应该出去实践一下；但也有的帖子说，读博这几年最好不要出去打工，否则大概率会延毕。有的帖子说，读博期间最好学一门二外；但也有帖子说，读博时间很紧，专业课最重要。有的帖子说，读博时一定要专心自己的论文，和论文无关的一概不要干；但我也看到有的帖子讲，有的博士生就是这么和博导闹翻的。然后，师姐，我就很晕啊，现在有一种小马过河的感觉。松鼠说水深，老牛说水浅，可是水究竟是深是浅呢？我总不可能像马妈妈说的那样，自己试一次才知道。毕竟读博没有后悔药啊，我不想延毕！而且我是女生，我不想拖成大龄剩女！师姐你看啊，我比你晚一年入学，年龄还比你大一岁。也就是说，我想在 30 岁之前毕业都得抓紧时间。

三花 明白了，你是攻略做多了反倒不知道听谁的了。没事，咱们一项项分析，我也不说你一定要怎么做，只跟你讲讲我看到的真实事件。行不？

加菲 好的，谢谢师姐！

三花 第一个问题是啥来着？

加菲 实践！我这几年要不要出去实习？我在网上看了各种帖子，但帖子里说的都不一样。

三花 这事儿我懂。我先问个问题哈，你毕业之后想做什么？

加菲 当然是去高校啊。

三花 那你想去哪实习？

加菲　律所或法院吧。

三花　你博士学位论文想做什么方向啊？

加菲　我对贸易与安全问题比较感兴趣，不过还没确定具体选题。

三花　所以，你认为实习对你学术能力的提升或者说就业前景的促进作用是？

加菲　我就是觉得，待在校园里没什么社会经验，可能找工作时会太学生气？

三花　你觉得，高校会不会因为这个而拒绝录用你？

加菲　应该不会吧？

三花　所以，现在的问题不是你要不要增长一些社会经验，而是，你要不要在读博这三年当中把时间花在"增长社会经验"上。估计咱们导儿也跟你讲过，读博的时间非常宝贵。对于这个问题，咱们完全可以功利一点去判断：增长社会经验对于最终去高校就职是否真的有帮助？如果你认为有，就去；认为没有，就不去。

加菲　我想想，应该没有？因为实习经历应该不会让我多发几篇论文。

三花　对，高校最终还是要看科研成果的。而实习与写论文一样都很耗费时间。其实还有个问题，你在律所或法院能够学到的东西，对你的专业方向会有所帮助吗？

加菲　应该不会吧？我要研究的贸易与安全问题应该不会产生诉讼。至少不会产生当事人诉政府这样的诉讼。所以，师姐，你的意思是，如果去社会实践能够学到的东西可以和专业方向产生共鸣，那么我完全可以去实习，对吗？

三花　对。前几年，咱们学校开展了一个与某高级人民法院合作的项目，送了若干诉讼法学的博士生去实习。你认为这个项目有必要吗？

加菲　当然有必要！我觉得民法和刑法的同学也完全可以去！

三花　所以，是否去实习，要取决于实习经历是否有利于未来的发展。我还真就认识其中一位诉讼法学博士生，她实习结束后就盛赞法学院领导的英明决策，还说在法院看到了很多书本里没有的东西。这些东西有的可以写成论文，有的虽然不能直接写成法学论文，但却加强了她对于程序正义的理解。从法院回来后，她迅速地写了一篇论文！说到这个，网上的帖子对实习这事儿态度会两极分化，应该也好理解了，对吧？

加菲　对。因为帖子作者的实际情况不一样。所以，我不想实习的事儿了，先好好写论文。师姐，我的第二个问题是，我读博的时间应该怎么分配？比如，我要不要学学二外？

三花　我自己学过二外，不过是在本科的时候，当时纯属跟风，班里一大群同学都去选二外了所以我也跟着同学去选了。后来读研时也学过半年，但那完全是因为学校要求必须有两门跨院选修课。不过我也可以提供一个思路，跟刚才分析实习类似的思路：你认为学习二外的功能是什么？

加菲　因为喜欢？我很喜欢足球，所以想学德语看比赛！

三花　如果是这个原因，那么完全没问题。学二外如果能让你放松，那么学二外和学习舞蹈没什么区别。读博其实是很枯燥的，有个兴趣爱好会好很多。否则，很多博士生会因为一天到晚脑子里只装一件事儿就失眠啦。简单地说就是"身体睡了脑子没睡"。

加菲　哈，懂了！师姐，我还喜欢练瑜伽，这个爱好在读博期间也可以保持吗？

三花　不是"可以"，是强烈建议你保持啊。读博需要长期坐在桌子前面，所以很多博士生会有腰椎、颈椎的问题。练习瑜伽应该可以放松一下，对吧？

加菲　对！瑜伽当然有这个功能。

三花　我说句题外话，其实我还真见到博士生主动学二外的，不过是出于另一个原因：学科所需。比如，我听说有位外国法制史专业的博士生在听网上的拉丁语课，还听说有位民法方向的博士生在学习法语。

加菲　咱们国际法专业应该没这个刚需，对吧？

三花　我觉得没有，资料通常都有英文版的。联合国、WTO、OECD 的自不必说，国际法院的资料也必然有英文版。美国的资料当然是英文的；欧盟资料，至少最重要的那批资料都会有英文版。所以二外的话你想学就去学，但只要没有刚需就当作兴趣爱好来对待，别喧宾夺主就成。

加菲　好的！师姐，我还有个问题要问：咱们导儿那边的活动你参与得多吗？比如，出门开会或者咱导儿请人过来的时候去接待？

三花　哈，我基本上都会去啊，你德文师兄也会去。咱们导儿办会的时候，我通常负责迎宾、布置会场，你师兄负责去机场和火车站接送人。有的时候我也会拍拍照、写写新闻稿。你知道吗，上次 John Jackson 来咱们学校的时候，是我负责的会务！

至于出门开会，只要咱导儿带我去，我肯定都会去。别的不说，蹭点儿下午茶还是挺值的。

我也强烈建议你积极参加这些活动。

加菲　师姐，我悄悄问一句，你别跟咱导儿说哈。参加这些活动算不算"不务正业"？

三花　……怎么会！你觉得每天像考研那样早八点到晚八点都在学习，这对博士生而言必要吗？

加菲　应该必要吧？毕竟咱导儿说过读博很苦，所以需要勤快？

三花　不必要。读博很苦，但这并不代表只要每天学习 12 个小时就一定能发论文。原因很简单：咱们考研或者说期末考试之前是知识的输入，只需要记下来就行。但读博期间，做的不仅仅是知识的输入，还包括知识的汇总和整理，甚至是输出。如果说前者是占用大脑 50% 的工作量，那么后者就占用了大脑 80%～90% 的工作量。你听没听说过有的科学家一边走路一边想问题然后掉进沟里的故事？

加菲　听过，但不知道是不是真的。

三花　是不是真的都没关系，那个段子其实反映了一个问题：大脑工作量太大，脑子就不够用了。如果用电脑做个类比，就是同时运行的程序太多，然后就死机了。这时候就需要适当地停下来，降降温。所以，平时跟咱导儿出门跑跑或者搞搞接待工作，就当换换脑子了。再说，你是不是跟我说过想增加点实践经历，让自己不那么学生气？

加菲　是啊。

三花　所以，你跟我说，接待几位大佬算不算增加阅历？

加菲　对哦，我咋没想到呢！

三花　反正我是觉得，读博这几年应该是我离大佬们最近的时间了。未来工作之后很可能就没这么好的机会了！顺便说一句，我上半年还接触过咱导儿的国家社会科学基金项目，那应该也是我很长一段时间以来距离国家社会科学基金最近的一次了！

加菲　师姐，大佬们好相处吗？我有点儿怕。

三花　没事没事，大佬们都很好相处的，别怕！大佬们通常都很有礼貌，不会因为你是学生就瞧不起你，尽管他们可能记不住你的名字。所以，我专门买了一条非常艳丽的红色大摆裙子，每次需要我去迎宾，我就提前跟大佬讲："您到了校门口就能看见我，我穿红裙子，特别显眼！"然后下次他们找我的时候只需要说"穿红裙子那姑娘"就行啦。你的师兄弟们都知道那是我。当然，也有的时候，和你对接的不是大佬本人，而是大佬的学生或者和大佬一起过来开会的年轻老师。这时候你怕啥啊！

迎宾小能手

加菲　哈哈哈好！嗯，师姐，我其实还有个问题想问，咱俩都是女生所以私下聊聊？这个问题，我绝对不敢问咱们导师。我在某些帖子里看到，有人建议博士生在读书时先生个娃儿，这样找工作的时候就不会被区别对待了？

三花　加菲你有男朋友对吧？

加菲　对，他比我高一级，所以理论上比我早一年毕业，是物理学院的。

三花　毕不毕业倒无所谓，反正博士生也不是不能结婚生娃。只不过，你对于"生娃对博士毕业的影响"这事儿有没有调查过？

加菲　有啊，所以我才说网上的帖子不靠谱！有人建议读书时结婚生娃，但也有人建议一定不要这么干，因为大概率延毕。我现在心里很矛盾，有点儿"既要……又要……"的感觉，但我又感觉自己不是超人，应该不能达到"啥都要、啥都行"。

三花　我当然不能告诉你要不要生娃，但我可以告诉你，读博期间生娃导致延毕这事儿虽然不是 100% 发生，但发生的概率确实很大。我是亲眼见过博士期间生娃的师姐的，但她的时间把握得很好。她是博士最后一年刚开学怀孕，然后在孕期坚持写完了毕业论文，据说答辩那几天已经接近预产期了。

加菲　哇！

三花 但你千万不要羡慕这位师姐。她博士学位论文写得非常辛苦。如果你家里有表姐、堂姐或者小姨等近几年怀孕的亲戚可以去咨询下，怀孕初期大概率会孕吐，会持续处于"晕车"状态。几乎啥都干不了！

加菲 啊！然后呢？

三花 有的人会逐渐缓解；有的人会持续这种状态到生产；还有的人会发展出妊娠期糖尿病、妊娠期高血压……

加菲 ……师姐，好可怕！

三花 我认识一个医学院的姐姐，她直接买了本妇产科教科书照着看：我现在到哪一页了？

加菲 我明白为什么有的帖子说"博士期间怀孕会延毕"了，因为身体状况是任何人都无法克服的。

三花 对，而且并不是平时一贯健康就肯定不会在怀孕时出状况，二者完全没有任何联系。不仅如此，"生娃儿"这事，并不是"生完娃就结束了"。你猜，小婴儿出生后要做什么？

加菲 要买奶粉？纸尿裤？

三花 小婴儿还需要人照顾。

加菲 我听说，小婴儿刚出生时每天要睡二十个小时，所以应该不难照顾吧？我觉得，我完全可以在他睡觉的时候写写论文？

三花 亲，你应该最近十年内都没见过婴儿，对吧？

加菲　嗯，是。

三花　我恰巧见到过刚出生的婴儿，我表妹家的。那个宝宝的确每天睡二十个小时，但他每隔两个小时都要哭……

加菲　包括夜里？

三花　对。你猜他为什么要哭啊？

加菲　因为，他饿了？

三花　差不多。他饿了，要吃奶；他嫌纸尿裤湿了，需要换；他热了，需要减衣服；他冷了，需要盖被子……所以不要相信"婴儿般的睡眠"这句话。或者说，如果你身边的小婴儿拥有"婴儿般的睡眠"，那么，你肯定就没法拥有任何睡眠了。

加菲　明白了，谢谢师姐！我回去再认真思考下这些事儿。

三花　不客气！对了，咱导儿应该也催你写论文了对吧？

加菲　对！我要努力！师姐，最后一个问题哈，你怕不怕咱们导儿？

三花　怕！咱们导儿很威严啊。

加菲　没错没错！而且，我从考博结束到现在已经被他打击好几次了！我说我想研究某某问题，他让我不要研究，那个问题不是我现在能搞定的；我说我想读某某哲学家的大作，他说我现在肯定看不懂；我说我想先读书，他说我看起来就不是那种天赋异禀一年三篇论文的，所以一定要早早写论文防止延毕到第六年……

三花　嗯，你觉得咱导儿说的有没有道理？

加菲　我觉得，我想干的都是正经事儿啊，咱导儿为啥就不鼓励我呢？

三花　好吧，你认为，咱导儿正确的态度应该是这样的是吧？"想做就去做，加油！"

加菲　我倒不是想让咱导儿给我当啦啦队，但是，我觉得，现在的教育不都是提倡鼓励式教育吗？为啥咱导儿就这么喜欢打击式教育呢？

三花　好吧，这事儿我能理解，我也可以给你解释一下。你先跟我说，咱们读博为什么都要有一个导师？

加菲　因为咱们刚刚硕士毕业的时候都啥也不懂？

三花　对。

加菲　可是，正是因为咱们都是白纸一张，所以才有人生的无限种可能啊！难道不该是自己去探索一条路吗？我还没去做，咱导儿咋就知道我不行呢？

三花　那我换个问题，你是希望在"还没做"的时候就被咱导儿告诉你"此路不通"，还是希望在"做了一年"后被咱导儿告诉"此路确实不通"？

加菲　前者。后一种情况咱们一般叫作"事后诸葛亮"。师姐，我懂了，咱导儿是不想让我走弯路，对吧？

三花　对，他用他的经验去指导你，可以大大节省你的时间。虽然咱导儿没法告诉你"正确的路应该是什么"——那就等于替你做科研了，但至少可以替你排除一个明显不对的错误选项。我猜，你是不是还想问，咱导儿是怎么发现某条路走不通的？

加菲　我不问了。师姐你这么一说，我也觉得自己这问题没道理。咱导儿能发现这条路走不通，或者是因为他自己走过同样的弯路，或者是因为咱们的师兄师姐们曾经走过同样的弯路然后被咱导儿发现了，或者是因为这条路就是不符合一般学术规律。

三花　所以，对于咱们博士生而言，如果不考虑情绪价值，导师真就没必要时时处处都鼓励。其实，我反倒害怕碰见，不论学生问什么问题，导师都永远笑眯眯地表示："好主意！要不要试一试？"

加菲　那倒是！不过，咱导儿就不能说得婉转一点吗，各种花式告诉我"你不行"，说得我都自卑了，搞不好还能自闭……

三花　哈，你希望咱们导儿怎么说？"真是个好选题，不过你得再等十年再写？"

加菲　算了！这也没啥区别！还是我自己内心强大一点比较好。毕竟，现在被导师打击，总要好过未来被社会教做人……师姐，这次真的是最后一个问题了。你确定咱导儿没嫌弃我笨吧？

三花　我确定！百分之一百确定！因为，在把你招进来之前，咱导儿已经拒了三位申请人了！你至少是他老人家千挑万选出来的！

第 14 话
导师让我讲课，我好"方"！（附试讲指南）

博二上学期过半，有余教授再次召唤了三花和德文。

有余教授　这学期科研还顺利吗？

三花　老师，我还行！我的第三篇小论文是在暑假的时候写完的，您帮我看过两稿，我现在打算投出去了。您看我挂您项目号行吧？

有余教授　行行行！

德文　老师，我的第三篇也写完了，同时从第三篇当中产生了第四篇的选题。(此处省略 1000 字)

有余教授　好，你感觉改得差不多了就拿给我看看？

德文　好的！

有余教授　这次叫你们来，是因为你们应该学着讲课了。你俩未来都想进高校是吧？

三花 & 德文   对！

有余教授   面试环节会有试讲，这事儿你们了解吧？试讲虽然不是决定性的，但讲不好也会损失大量的印象分。假设你们竞争的职位有两个候选人，另一个和你的科研成果差不多，但试讲时口齿伶俐，条理清晰……

三花   懂了，老师，我不能拖自己的后腿。

有余教授   那么这样？我的国际货物买卖法课程，给你们两周准备时间来讲课，三花，你先来，准备 45 分钟；德文，你在三花后面那周？

三花   老师，您会在吧？

有余教授   会！我就坐讲台下面看着你们讲。

三花   ……老师，我有点"方"。

有余教授   你先准备着，有问题问德文，他在某考研辅导机构干过，讲过大课。

三花   好！

（出门后）

三花   德文，你说咱导儿为啥让我先讲？明明是你有讲课经验。

德文   我还有教师资格证。嘿嘿。

三花   ……

德文   我觉得咱导儿是怕我讲完了你不好意思讲。

三花　你不能落井下石啊！

德文　说正经的，我觉得咱导儿的意思应该是让我有空先帮你。

三花　好吧，那我怎么办？

德文　你先算算，你要讲哪一部分？

三花　算过了，按照咱导儿的课程大纲，那周应该讲到"卖方义务"。

德文　这部分你熟不熟？

三花　熟！不就是"交货、交单、转移所有权"吗？交货义务又包括明示担保、默示担保(也就是商销性问题)、货物包装、货物特定化、权利担保、知识产权担保……

德文　行了，我知道你熟悉。你先估计一下，45 分钟你能讲多少？

三花　嗯，我想想，我肯定不能把三项义务都讲完。太复杂了。

德文　我觉得你能把"默示担保"讲完就已经很了不起了。

三花　你是怎么衡量的？

德文　因为，咱导儿通常也是 45 分钟只讲一个重点法条啊！

三花　好，那我试试。还有个问题：我要不要把问题讲出深度？

德文　那门课是面向什么学生的？

三花　本科生？对，本科，大三上学期。

德文　你觉得呢？

三花　懂了！讲深了他们不一定听得懂！可是，讲得浅了，咱们导儿会不会嫌我没水平？

德文　你觉得咱导儿让你讲课，是要考查你的学术水准？

三花　嗯，应该不是。如果要考查学术水准，应该是让我写论文。

德文　对，我当时在考研辅导班进行岗前培训的时候也是这样，我的课最重要的是给学生们建立起知识体系和基础框架。把事儿说清楚就行了，至多是把类似的概念区分一下，但千万别把考研课讲成学术讲座。

三花　好的，明白了！我要把一个问题方方面面讲清楚。

德文　对，好懂最重要。语言也得清晰，尽可能讲大白话，千万别文绉绉的谁都听不明白。你觉得应该咋样才能让学生们听懂？

三花　举例？

德文　对！咱们这个学科缺啥都不缺例子，多给大家举点儿小例子，哪怕是自己编的呢。

三花　好的。我还有个问题，假设学生们不听咋办？咱导儿如果坐第一排也就算了，我讲的时候他可能发现不了学生们听不听。但如果咱导儿坐在最后一排……

德文　哪怕咱导儿坐在第一排，他也会回头的。

三花　那有办法让学生听课没？

德文　有，而且很多。其中一个办法是给大家讲笑话。不是
　　　"把大象装进冰箱里"那种，是和课程直接相关的笑话。
　　　我给你举个例子，中国现在默认的夫妻财产制是啥样的？

三花　共同财产制？

德文　讲到这个知识点，我就可以给你讲个笑话。我有个弟
　　　弟，从前一直认为夫妻共同财产制不合理，凭啥他赚的
　　　钱就应该和他媳妇儿平分？后来他结婚之后再也没抱怨
　　　过法律不合理，因为——他媳妇赚得比他多！

三花　你这是在教我讲段子，对吧？

德文　对！你觉得这个段子效果怎么样？

三花　我能预计，学生们的反应应该是：1. 开始思考这为什么
　　　是个笑话。2. 开始联系中国的"夫妻财产制"进行思
　　　考，你弟弟媳妇儿赚得比他多后果是啥。3. 得出结论：
　　　你弟弟贪人家的钱。4. 开始笑。

德文　对！这个笑话我试过几次，基本上是两三秒之后才会有
　　　笑声。

三花　所以，你是建议我在课程设计上加进去点儿段子，是吗？

德文　对啊，与课程有关的就行。

三花　好，记下了！还有啥？

德文　还有一个问题，其实"讲段子"本身也是涵盖了的：要与学生互动，不要像背书那样在那里自己讲。

三花　互动的意思是……提问题？

德文　也行，但不一定。互动的意思是，首先，要有眼神交流。也就是说，讲话的时候是要眼睛看着学生的。当然，别只看同一个人哈！不然你得把本科生小朋友盯毛楞了。

三花　懂懂懂，只要你不让我全程看着咱导儿讲课，我就没问题。

德文　然后，还得提点儿问题，但不一定指望某位同学回答。我举个例子，假设你提问：卖方义务包括"货物与合同相符"，那此处的"与合同相符"包不包括"与此前的交易习惯相符"？你完全可以这么要求大家：认为"包括"的请点头，认为"不包括"的请摇头。

三花　这样的好处是？

德文　免得有的同学不好意思发言。其实我以前教考研课的时候试过"同意的请举手"，但效果不好。因为有的同学不论是"同意请举手"还是"不同意请举手"最终都不会举手。

三花　哈哈哈，摇头至少比较含蓄。

德文　其实如果你把课堂气氛调动起来，学生们甚至可能不举手直接抢答。

三花　好的，"互动"的意思是时时刻刻关注着听众们的看法。我还需要注意啥？

德文　其实也没啥了。体系铺开、讲清楚一个一个知识点、时不时插点儿段子、注意互动，你能注意这些就已经很不容易了。

三花　好！谢谢！

（两周过后）

有余教授　三花，不错！下节课你还想不想继续讲 45 分钟？

三花　……老师，我尽力？

有余教授　好！

（又过去两周）

有余教授　三花，德文，我觉得你俩未来找工作试讲应该没问题了。正好今天有空，我顺便给你们提前讲一下试讲时候的注意事项？

三花 & 德文　好的！

有余教授　试讲其实和平时讲课差不太多，仪态庄重且能把问题讲明白就行。三花，你现在讲课略活泼了点，但考虑到你现在的年龄，问题也不大。面试的时候略微打扮下应该就会显得沉稳一点。上课时注意表扬下回答正确的同学，让大家有点儿成就感。德文，你倒是稳重，但上课时对法律问题的阐释有点照本宣科，你看能不能加进去一些自己的理解？

三花　老师，我记得我没又蹦又跳啊？

有余教授　你当然没有，但你扎了两根麻花辫就跑来上课了？

三花　……好的老师，我下次出去面试可以盘发然后穿小黑裙。

德文　期待！

有余教授　此外，还有一个问题：试讲的内容需要精心挑选。首先，来听你试讲的很可能是来自其他专业的老师，他们可能不懂你研究的国际法。所以，千万别讲到让刑法学和法理学的博导都听不懂你的课！

三花　好的，老师，我懂了。所以我不能讲太难的东西或者说太学理的东西，比如"上游补贴"这个概念就不能拿去试讲。

有余教授　对！那个概念倒是挺有意思，但讲这个概念得先讲明白补贴的计算方式，补贴如何传导。你真的想讲"计算方式"吗？

三花　不想！我可不想把法学课讲成数学课。

有余教授　所以，强烈建议在试讲环节讲一些大家都能听懂的东西。哪怕你讲"市场经济待遇"问题也比"补贴专项性"容易懂，因为至少大家在新闻里都听过这个词。但话又说回来，我也不建议你讲市场经济待遇问题。知道为什么吗？

德文　我知道，因为 15 分钟讲不完！通常试讲只有 15 分钟！

有余教授　对。试讲选择的题材最好是能在短短 15 分钟内讲完的，而且不需要太多的背景知识。这样的好处不仅是听众能理解你要讲的内容，而且，你在结构设计上也比较舒服。我举个例子，我自己在年轻时参加过一次讲课比赛，15 分钟，我就只讲了一个概念：要约。这个概念完全不需要合同法的其他概念做铺垫，而且内容也是"一整块儿"的。要约的概念、要约包含的内容、要约和要约邀请的区别。其中"内容"和"区别"两部分分别可以举一个例子，还可以和听众互动。比如，你们看这个是不是要约啊？

三花　老师，要不我试讲也选"要约"？

有余教授　别。我还要说内容选择的第三点：最好和博士学位论文题目相关。你选了"要约"，后面的问答环节就没法进行了。你们去找工作，试讲环节完全可能接一个问答环节，也即，在你讲完后，会有老师们随机就你讲过的内容进行拓展提问。比如，三花，假设你选了"市场经济待遇"去讲——先不说能不能在 15 分钟之内讲完——肯定就会有老师继续问你，这个问题目前最新的实践是什么？美国做什么了？欧盟做什么了？你认为这个问题如何解决？

三花　懂了！也就是说，我要从博士学位论文选题当中拆一个

独立的、不太大的，但同时也能深入下去的概念出
来，然后准备试讲？

有余教授 这个概念不仅要能深入，最好还得能浅出，即本科
生水准的同学也能听懂。

三花 好！

德文 老师，那如果我整篇博士学位论文介绍的都不是本科生
会学到的东西呢？我毕业论文要写数据跨境流动，但这
个问题至多在本科生课程的"服务贸易"那部分讲半
小时。

有余教授 你上次跟我说，你提炼出的主题是什么？

德文 国家尽可能扩展其规制范围？

有余教授 那么你可不可以把试讲的关键词选成"主权"或者
"管辖权"？

德文 明白了！谢谢老师！

有余教授 还有一个问题，是你们的 PPT 制作。此前几次上
课，你们的 PPT 我都看了，有一个共同的问题：字太多。
你俩是恨不得把教材复制粘贴进 PPT 是吧？

三花 老师，那么正确的应该是啥样的啊？

有余教授 PPT 是提纲，应该只体现要点。也就是说，除最上
面那个标题之外，下面的文字最好不要超过八行，否则
密密麻麻的看着眼晕。而且，如果能写要点就只写要

点，不要放整段文字上去。否则，听众就会忙着看文字，而不会听你们讲啦。

三花　好的，我记下了！

有余教授　还有，PPT 配色问题。咱们法学院有一个官方 PPT 模板，用的就是院网站配色，上面还有咱们法学院的 logo 和院训。你们手头有吗？

三花　有。

有余教授　如果出去试讲，你们完全可以用那个 PPT 模板，显得庄重一些。三花，你上次上课时，用的居然是卡通风格模板，我记得 PPT 右下角还有两只熊本熊是吧？

三花　嗯，好像是。

有余教授　上课也就算了，出门试讲最好还是不要太孩子气。毕竟，对方高校招聘的是教师，不是保育员。德文，你的 PPT 模板也有待斟酌。模板不是不能用中国风，但最好和授课内容风格保持一致。如果我没记错，你上节课讲的应该是英美法系和大陆法系对于"实际履行"的不同态度？

德文　是。

有余教授　如果是这个题材，你模板选择巴洛克风格建筑或者西方古典雕塑作为设计主题都没问题。但是，你在清明上河图背景下讲解西方法律传统，是不是有点儿让人出戏……

德文　我当时就没多想，觉得这个背景干净就直接套用模板了。我今后注意！

有余教授　咱们接下来再谈谈试讲的语言风格。试讲的基本要求是口齿清晰、语言流畅，这个你俩应该都没问题。不过，三花，你的语速可以适当放慢一点，每分钟二百字左右差不多了。然后，讲到关键词的时候需要适当再放慢，加重语气强调一下。我给你举个例子：

　　在我国国际私法当中，法律规避是指故意规避我国法律、行政法规的强制性规范。

这句话，"故意""强制性规范"两个词都是随后要详细讲述的，所以在第一遍提到时，你就应该在语气上强调这两个词，以吸引学生注意力。

三花　好的！

有余教授　最后一个问题：你俩英语口语都咋样？

德文　老师，我本科英语专业！

三花　老师，我本科是学法学的，但英语口语还行，至少英语课上脱稿演讲没问题，而且稿子不是硬背下来的。

有余教授　你俩有兴趣准备 15 分钟的英文课吗？有的学校比较喜欢能讲全英课程的老师！

三花 & 德文　老师，我们尽量！

第 15 话
关于投稿的那些小事

中期考核过后，好久没聚在一起的不同专业博士生们找了个经济实惠的饭馆，二十几人开了个超级大的包间开始叙旧。中期考核本身倒没什么好聊的，同学们都通过了，无非是汇报一下博士期间小论文撰写情况（至少得写出来两篇各一万字的小论文哦，亲）、文献阅读情况（研究生办公室友情提示：文献综述三万字，请在导师签字后上传至研究生培养系统，系统过期自动关闭哈）和科研实践情况（帮导师做助教了吗？帮导师做项目了吗？）。聊着聊着，大家的话题就转到了博士生永恒的痛苦：投稿。投稿这事儿，在博士生群体当中，是有"凡尔赛金字塔"的。已经发表过核心论文的同学自谦说"没发几篇"，就必然会被只发表了普刊的同学羡慕嫉妒恨；已发表了普刊的同学在那里感慨"为什么发核心的不是我"，也必然会被仍然在苦苦等待审稿流程走完的同学们描述为"别凡尔赛了"！但不论如何，说到投稿，大家都有一肚子的抱怨。自认为科研进度还不算慢的三花同学听得胆战心惊，下一次跟导师聚餐的时候就问了出来。

三花　老师，我们博士生同学上次聚餐，居然人人都在抱怨投稿不容易！我还以为自己投稿总被拒是因为科研能力差呢。

有余教授　怎么会呢？谁投稿都不容易，我现在投稿也经常被拒。

三花　啊？

德文　你惊诧什么？咱导儿投的和你又不是同一类期刊。

三花　也是。咱导儿是投《中国社会科学》被拒，我是投《北京社会科学》被拒。

老师，我打听下哈，您当学生那会儿，投稿容易不？

有余教授　其实也不容易，只不过比你们这会儿好点儿。

三花　为啥？因为您那时候科研水平高？

有余教授　不，因为我们那时候博士生总量比较少，竞争不像今天这么激烈。

除此之外，我们那时候国际法文献总量比现在要少，所以研究起来容易一些。

三花　……老师，这个冷笑话不好笑。

有余教授　我没开玩笑。我们那时候文献总量的确比现在要少，所以"穷尽文献"也的确要容易一些。至少资料检索起来工作量没今天这么大。说到"穷尽文献"，三

　　　　　花，你知道我为什么要在说到投稿的时候提这个吗？

三花　嗯，因为我需要保证自己写的稿子是正确的，所以必须把该看的文献看完？

有余教授　对，不过这只是一方面原因。另一方面原因，是投稿之前至少要穷尽此领域中文文献，这样才能知道要往哪里投稿。

三花　老师，您的意思是，我发现哪个期刊发表过同一题材的论文，就应该往哪个期刊投？

有余教授　德文，你觉得是这样吗？

德文　老师，我觉得应该不是吧？我不是很懂投稿，但是，按照常理推断，如果某个单位前一年招聘了一名司机，这个单位第二年可能就不再需要继续招聘司机了。所以，如果某个期刊发表过"同一题材"论文，那么它们很有可能短期内不再需要同一题材的论文了，是吧？

有余教授　对。所以，投稿的一个大忌，就是在发现了某一期刊刚刚刊登过一篇"论认罪认罚"的论文，你马上把手头同一题材的论文投向同一期刊。尤其是当那个期刊刚刚发过同一题材的一组稿件，再投那个题材获得录用的可能性就约等于零了。当然，这个论断有个例外，你们猜是什么？

三花　那个期刊设有专栏？

有余教授　对！的确会有些期刊常年刊发某一特定领域的稿件，但此种情况不是特别多，而且通常会在征稿启事当中注明"专栏征稿"。

三花　老师，那么，我如果有恰好符合某一专栏的稿件，是不是应该优先投给这样的期刊？

有余教授　可以。其实，在投稿当中，你还可能遇到"专栏征稿"的又一变种：某期刊恰好收到同一题材的若干论文，于是临时起意打算组个专栏发表在最近一期。如果你的稿件恰好撞上这一波组稿，那么就很有可能幸运地搭个顺风车。

三花　老师，这种情形是可遇而不可求的，是吗？

有余教授　是。所以，你在投稿时略微注意下，如果某个"专栏"在若干年内仅仅出现了一次，那么可能是"组稿赶巧了"而不是那个期刊常设此专栏。

三花　好的，老师，我知道了！那么，您那边还有什么投稿小技巧吗？

有余教授　咱们先说点儿基础的，关于投稿究竟怎么选期刊。我来问问你俩，通常来讲，你们如何判断应该把稿子投去哪家期刊？

德文　老师，我通常先看看我自己的参考文献或者脚注，其中是否有发表同一领域但并不是同一题材的论文的期刊。

我觉得，"同领域不同题材"应该还是靠谱的吧？

有余教授　没问题。比如你研究的是国际投资法，那么只需要找到一本刊发国际投资法，甚至是国际经济法题材的期刊就可以了。然后呢？

德文　然后，我需要研究下期刊的风格，即我的论文和已经发表的同领域论文的风格是不是类似。

三花　风格是啥意思？

德文　其实我也判断不太好，我一般只看对方期刊是比较喜欢发表理论类还是案例类的论文。我自己写的论文比较偏理论类，所以，如果对方已发表的论文全是"实证研究""案例分析"类的话，我最好不要投。

有余教授　说得没错！一本期刊完全可能有自己的风格，这可能和编辑的喜好有关，但也可能和期刊整体政策导向有关。举个例子，我经常投稿的一本国际贸易类期刊，有时也会刊发国际法类论文。这个期刊刊发的国际法类论文就硬性要求必须是实证研究导向的。你们猜为什么？

德文　因为，那本质上是国际贸易类期刊，所以，发表国际法类太理论的论文，可能没法让国际贸易专业的同行看懂？

有余教授　差不多。国际法和国际贸易其实很大程度上是互通的，但仅限于二者都在做实证研究的情形。国际贸易其实也可以做得非常理论化，比如包含大量模型或数学公式的那种论文。

德文　老师，我还知道另一个差不多的例子！有一本期刊，是外交学或者说国际政治类的核心期刊。这本期刊也刊发国际法论文，但要求是理论性比较强的，而且最好是国际公法类的。

有余教授　你是怎么发现的？

德文　我有个同学写了一篇案例研究论文，兴致勃勃地投过去，然后被那个期刊退稿啦。对方退稿信里明确这么讲的。

有余教授　好，所以说，判断期刊风格可以有效避免投稿做无用功。说到这个，建议你们投稿前看看目标期刊的征稿启事。有的期刊会明明白白地写，"本刊欢迎具有理论深度的论文"。那么，对博士生而言，除非你确定自己的论文具有重大理论创新，否则，这样的期刊慎投！

德文　老师，您的意思是，我的论文虽然偏向理论研究风格，但是，短时间内应该不大可能"具有理论深度"？

有余教授　我没说那么绝对，但是，一旦投稿，你的竞争对手就不再是"博士生"，而是"博士生、讲师、副教授、教授"。

德文　……懂了。我投稿时谨慎点儿。

有余教授　其实，期刊用稿风格还包括另外一点：期刊的选题一般有多大？有的期刊偏好"小题大做类"或者说"小切口类"论文。我举个例子，当然仅就这篇文章而言哈，不针对具体期刊做论断：《〈民法典〉第 992 条的法理阐释与规范意蕴》①。这就是一个"小题大做类"或者说"小切口类"论文。"小切口"是指作者讨论的仅是《民法典》中的某一条，但作者分析的主旨是"我国民法对人格权的规定本质在于伦理性而非社会性"，这其实并不是一个"就事论事"的论述方式。但是，也有题目是另一个风格的：《身份人格权论》②，这个题目显然就不属于"小切口"。

三花　好的，老师，我未来投稿时注意一下！

有余教授　除期刊风格之外，另一个很容易注意到的要点是期刊的字数要求。你们有没有注意到，平常读到的论文通常是多少页的？

三花　十至十五页？

德文　偶尔也有更长的，我读到过十八至二十页的，但我也读过四五页的。

有余教授　四五页那种，通常发表在什么刊物上？

---

①　参见许中缘、李治：《〈民法典〉第 992 条的法理阐释与规范意蕴》，载《吉林大学社会科学学报》2023 年第 5 期，第 91—105、237—238 页。

②　参见刘德良：《身份人格权论》，载《中国法学》2023 年第 4 期，第 87—106 页。

德文   ……嗯，我没注意。

有余教授   篇幅仅为四五页的论文，可能有两种情况：其
一，是核心期刊的"书评""综述"或"快讯"栏目，此
种栏目一般不需要太多字数；其二，是比较一般的期
刊，为了每一期发表更多的论文，所以限制了每篇论文
的字数。

德文   懂了，老师。所以，我看到有的大学列明的"博士生毕
业科研要求"当中还会多写一句，"论文类成果不得少于
四页"，是因为要筛除您上面说的几种情况是吗？

有余教授   很可能是。但你们应该不会写这么短的论文投出去
的，是吧？

德文 & 三花   不会！

有余教授   那就无所谓了。咱们继续讲篇幅的事儿。你们写的
小论文，通常是多少字？说个平均数就行，不用太精确。

德文   一万五千字左右，包含脚注。

三花   我也差不多，一万三千字到一万五千字吧。我通常有个
控制字数的方法：当我正文部分写到一万字的时候就该
收手了，余下的字数用来写"对策"或者"中国因应"。

德文   啊？那你怎么能做到"正文部分写到一万字就停笔"的？

三花   当然不是"写到一万字就绝对不再写"啊，而是"一边
写一边控制字数"，具体论述不要"铺得太开"。

有余教授　你俩说得都差不多。计算论文字数有个简便的方法：
在 Word 或 WPS 默认的排版状况下，一页纸是一千字左
右。所以，一万三千字到一万五千字之间大概就是十三
至十五页。当然，这样的稿子投出去后，杂志社排版很
可能会更加节省版面。我的经验是，如果原稿十四
页，那么杂志社很可能会把稿子排成十三页甚至十二页
半。所以，你俩目前写小论文的字数控制都没问题。

德文　老师，那某些特别长的稿子是咋回事儿啊？

有余教授　有些稿子"特别长"，是因为某些期刊比较喜欢长稿
子。举个例子，我曾经见到过一本法学期刊，征稿启事
中明确表示字数以两万字左右为宜。当然，也有的稿子
"特别长"不是因为杂志社特别要求，而是因为作品质量
非常好，任何删减都可能影响原意表达，而且作者身份
也比较有名气，因而杂志社不会因为版面问题而提示作
者进行删减。

德文　老师，也就是说，我写好的稿子，完全可能在录用前夕
被杂志社要求删减到若干版面，是吗？

有余教授　对，完全有这种可能。但这没关系，毕竟杂志社不
可能让你把"论文"硬生生删减成"综述"。

德文　老师，那我能不能再问问，如果杂志社让我"删减"，我应
当优先删去什么呢？

有余教授　你觉得呢？

德文　我觉得应该先删去论证吧？因为论证是"我自己说的"，所以不那么重要？

有余教授　好吧，我换个问法，你认为应该优先保留什么？

德文　资料或者事实？

有余教授　这事儿正好被你弄反了。删减篇幅，最先删减的反而是事实类或者资料类内容。不过，此处咱们说的是"删减"不是"删除"，即如果你的论文当中援引了比较著名的案例，你完全可以只提及在"某某案"当中出现了什么法律问题，而无须将该案例的背景、事实、一审二审判决……全都叙述一遍。这其实也是我在指导硕士学位论文时经常唠叨同学们的。反而你的论证段落最好不要删，因为这是最能体现你个人风格的地方。

德文　可是，老师，我担心删掉了对事实的阐述之后，读者们可能看不懂我想说啥。

有余教授　那么，你完全可以换个写法，换成"夹叙夹议"写法。标准句式是这样的：某某案当中的某某现象，体现了……

德文　哈，我懂了！就是说，我可以把事实糅在论述段里面，这样就既能节省篇幅，又能保证论述流畅。对吧？

有余教授　对！除了论文字数问题，另一个需要注意的事项是期刊级别。你们通常会投什么级别的期刊？或者说怎么判断自己刚刚写完的稿子应该投什么级别的期刊？

三花　老师，其实我对此不是特别确定。一方面，我觉得自己刚读博一年多，水平应该够不上发表核心期刊的水准，但另一方面，我感觉我写的论文质量应该还可以，还算有些创新。

有余教授　所以呢？

三花　所以，我能不能这么投？先投一个排名不是特别靠前的 C 刊，如果被拒了，再投一个或者两个 C 扩。如果还是不行，就投普刊。

有余教授　可以，这样比较节省时间，不容易耽误论文发表，进而影响论文本身的时效性。其实，只要你投过几次稿，就应该对自己有一个比较清楚的认识了。

三花　实践是检验真理的唯一标准？

有余教授　差不多。

三花　那么，老师，我通常应该怎么挑选"不坑"的期刊？换句话说，不至于一投过去就石沉大海，或者审稿系统一年半载一动不动？

有余教授　你可以在投稿前先上网搜一下对期刊的评价，或者询问一下在这个期刊上发表过论文的师兄师姐。顺便说一句，如果实在不知道要投什么期刊，还有一个判断方法是"师兄师姐曾经发表过的期刊"。当然，这仍然需要注意学科范围、期刊风格等要素。

三花　好的。

德文　老师，投稿的一般流程是啥样的？我通过邮箱或者投稿系统把论文发过去，然后等着就行了是吧？

有余教授　对，你还想有什么特别程序吗？

德文　我要不要等待杂志社确认一下收到我的稿子了？

有余教授　目前绝大多数期刊都用在线投稿系统了，所以应该不可能丢稿子。当然，投稿系统完全有可能自动发送一份"收稿通知"给你。你自己拿个本子记录一下"某年某月某日投稿某某期刊、用户名和密码是啥"就行了。

德文　老师，有必要吗？

有余教授　有。如果你只有一篇论文在投，那当然无所谓；但是，如果你同时有三篇论文在投，那么你完全可能记不得每篇论文是什么时候投的，到什么时候还没消息就可以改投了。这一般不会超过三个月。至于记录用户名和密码是因为，不同投稿系统很可能对密码要求不同，比如某个投稿系统要求"密码必须同时包括大小写字母和数字、特殊字符"。

德文　……好吧。我的确记不住。"找回密码"估计也挺麻烦的。

有余教授　然后，如果期刊退稿，投稿系统也很可能给你的注

册邮箱发一封邮件。如果期刊请你进一步修改，你按照
退改通知去操作就行了。

三花　老师，"退改"一般要多久？

有余教授　不一定，得看对方期刊外审速度。有的期刊从收稿
到外审就可能需要一个月的时间，而"外审"时间也至
少需要两周。当然，我曾经遇到过比较极端的情况：某
期刊邀请了两名外审专家，但其中一名专家严重超
期，后来不得不更换新的专家外审。这种情况下，"外
审"程序就拖延到了一个半月。至于从"外审"到"退
改"需要多久，还要看杂志社自身的内部流程。但这个
流程通常不会超过一个月。

三花　那么，可不可能"外审"后直接退稿？

有余教授　完全可能，我就遇到过。毕竟稿件能送外审只能说
明稿件"还行"，但外审专家并没有义务认可这篇稿件能
够发表。

三花　也就是说，杂志社会在初审阶段刷掉相当一部分稿
子，然后再送外审，对吧？

有余教授　对。

三花　那么"退改"这个环节需要注意什么？

有余教授　首先需要注意"别超期"。很多期刊会在投稿系统或
者退改邮件当中写明，"请在两周内完成修改"或者"退

改期间：10/17—11/04"，这个时长通常都是够用的。其次，修改时请学会使用修订模式。我用的是 WPS，修订模式就在"审阅"菜单下面。这个模式的优点，是会把增删之处全部标红。最后，对于退修的意见，最好写一份修改说明，即针对每一条意见，你都是怎么修改的。

三花　所以，我返回的稿子，应该是一份开了修订模式的修改稿，还有一份修改说明？

有余教授　不一定。我通常会返回三个文档：修改说明、开了修订模式的修改稿(标红稿)，以及接受了所有修订的修改稿(清洁稿)。

三花　这个"清洁稿"的功能是让编辑老师和外审专家看着更舒服，对吗？

有余教授　对，但不完全。你用过一次修订模式就会发现，这个模式下的稿子非常非常乱。所以，我会在全部修改结束后再次生成一份清洁稿，然后校对一遍，确保不会有错别字或者格式问题。

三花　老师，我再问一句，是不是外审专家的意见一定要100%遵从？

有余教授　也不一定，但你最好能够给出一个强有力的理由。我给你举几个例子，第一种情形，是"外审专家建议改成 A"，但你认为"可以改，但改成 B 更好"。这种情形说明理由即可。只不过，理由最好说得婉转一点，不要写成"改成 A 是错的"这样主观性较强的理由，但完全可以提出"改成 A 的论述篇幅可能太长"这样比较客观的理由。

第二种情形，是"外审专家建议改成 A"，但你认为"改成 A 或 B 都行"或者"改与不改都没啥"。这种情形建议还是进行修改，即只要不实质性影响你的论文主旨，那么完全可以修改。

第三种情形，是"外审专家建议改成 A"，但你认为"坚决不能改"。此种情形我也遇见过一次。那次是涉及某一术语的使用，专家建议用"A"，但问题在于，国家官方文件的表述是"B"。我因而写邮件回去表示，"我也知道 A 的表述更加通俗易懂，但问题在于，我说了不算……原因是……"论文定稿最后还是保留了原表述。

三花　懂了。我通常比较纠结的还是第二种情形。未来我知道怎么处理了！谢谢老师！

有余教授　那么，关于论文投稿，咱们还有问题吗？

三花 & 德文　暂时没了！就差写啦！

第 16 话
"师姐，我找不到创新点！" "不，你能。"

博士研究生二年级下学期，三花同学再次接到了加菲的下午茶邀请。

三花　最近咋样？

加菲　师姐，我不咋样……我写论文写得老闹心了！我报到那几天，咱导儿就说，得早早写论文啦。不过，我现在遇到一个问题：我不知道写啥！或者说，我不知道题目应该从哪跳出来。

三花　你考博时没提交研修报告吗？

加菲　提交啦。可是，我现在刚刚博一啊，还不想动笔写大论文，我想写的是小论文。

三花　你要不要尝试下把大论文拆分成若干部分去写，并在每一部分当中尝试着挖掘下小论文？

加菲　应该可以，但我怎么觉得这像流水账呢？或者说，总不

可能是把大论文的每一章当作一篇小论文，然后拿出去
发表？

三花 当然不能。大论文虽然有十万字，但整体上仍然是
"一篇论文"而非"多篇小论文组合起来的论文
集"，它的每一章拆出来都必然是不完整的。我的意
思是，你把大论文的论域拆分成若干个小论域，然后
尝试着分别研究下每个小论域，从中寻找可以写论文
的内容。举个例子，假设你的毕业论文题目是《论国
际投资协定当中的例外条款》，那么，你完全可以把
"环境保护例外""安全例外""公共秩序例外"作为
小题目去分别研究。

加菲 哦，这个我懂。但问题是，我对每个"小题目"的研究
也没啥头绪啊，感觉研究起来更像是"定义、特征、历
史发展、典型案例"这样一路写下去。我要是敢拿这个
给咱导儿看，他肯定会说我在"写教科书"。

三花 明白了，你的问题在于，发现不了一个尖锐的、值得研
究的问题，并将这个问题像锥子那样刺下去，形成一个
细长的坑。

加菲 对对对！

三花 这个问题俗称"找不到创新点"。这句话你听了耳熟吗？

加菲 耳熟！

三花　那么，咱们先说说啥是创新点？

加菲　我觉得，创新点应该是"我提出了，但别人没提出过的东西"，或者说"让论文有新意的东西"？所以，我觉得"小题目研究起来没啥头绪"，其实，我真实的问题是"找不到一个新鲜视角去写这个题目"。

三花　是。当然，也不仅仅是"要找到一个新鲜视角"，任何能让你的论文和别人的论文不一样的东西都是创新，这对于大论文和小论文而言都一样。所以，第一种创新方式，是观点创新。咱们总不可能用一万字甚至十万字去论述一个"烂大街"的结论吧？比如，某位同学用十万字论述"民法是平等主体之间的法律关系"？

加菲　哈哈哈哈，这篇博士学位论文肯定过不了盲审！

那么，我要不要这么理解，所谓观点创新，是指"我要提出一个别人从未提出过的命题"？

三花　也不一定。我刚才的话仅仅是指，"你不要去论述一个人尽皆知的命题"，但是，所谓论文创新，也并不必然代表别人提出过的观点你就不能再论了。你当然可以提出一个别人没提出的观点，这必然是创新，但你也可以在一个全新的语境下论证一个别人曾经提出的观点，所谓"新瓶装旧酒"也是创新。我举个例子，合同法律选择的最基本方法是意思自治，或者说尊重当事人自愿选择的法律，对吧？

加菲 对。

三花 那么，在侵权行为当中呢？我们要不要尊重当事人在侵权行为发生后合意选择法律的权利？

加菲 "侵权行为发生后的法律选择"是新语境，"合同领域中法律选择的意思自治"是别人曾经提出的观点。对吧？

三花 对。此处的"创新"，就是探讨原有的法律选择方法能否扩张到新领域。这种创新方法的优点在于，可以用"旧理论"分析"新问题"。其中，"旧理论"是现成的，以此为纲领去分析新问题体系较为清晰，不容易"没话可写"。

加菲 好的，懂了！可是，这样写论文，会不会有点儿"为赋新词强说愁"的感觉？就是把两个原本没关系的东西生拉硬扯到一块儿？

三花 那就要问你自己啦。你觉得把 A 理论适用到 B 场景下有没有必然性或者合理性？你认为有，就去论证啊。我举个例子，我曾经读过一篇论文，题目是这样的：《风险与控制：论生成式人工智能应用的个人信息保护》①。这篇文章就是使用了风险控制理论探讨个人信息保护问题。你猜风险控制理论此前是用于解决什么问题的？

---

① 参见钭晓东：《风险与控制：论生成式人工智能应用的个人信息保护》，载《政法论丛》2023 年第 4 期，第 59—68 页。

加菲　反正不是个人信息保护，因为这个理论十年前就有；但十年前肯定没有生成式人工智能，也没有生成式人工智能带来的个人信息保护问题。

三花　对！我们现在就探讨了一个创新方法：将旧理论适用于新问题，进而提出新观点，实现观点创新。它和"提出全新观点"一样都是观点创新。

加菲　那还有什么创新方法？

三花　资料创新。这个好理解，研究全新的问题就行了。只要你研究的问题是别人没研究过的，那么就一定存在创新。

加菲　对。法学这个学科是一个实践性很强的学科，所以一定会时不时地涌现新问题。可是，师姐，我有一个问题：新资料一定能实现"资料创新"吗？

三花　能问出这个问题，表明你至少思考过了。这个问题我还真问过咱导儿，你猜咱导儿说啥？

加菲　不一定？

三花　咱导儿反问我，宫保鸡丁是经典菜色，但你要不要试试"宫保鱼头"？

加菲　哈哈哈，黑暗料理！比"仰望星空"还黑暗！师姐，你是怎么想到问咱导儿这个问题的？

三花　因为我写论文的时候就犯过类似的错误啊。我看到一个匪夷所思的新案例就兴冲冲地写了一篇文章，拿给咱导儿看，咱导儿看了之后语重心长地问了我 "宫保鱼头" 那个问题。我后来也明白咋回事了，那个新案例的确够新，但，它 "除了新" 没别的特点啊，既没有发展既有的法律理论，也没有揭示现行法律的误区。

加菲 所以，"使用了新资料一定会实现创新"，但 "创新究竟有没有学术价值" 就是另一回事了？

三花 对。也就是说，咱们一定不要 "为赋新词强说愁"，新资料还得结合 "老问题" 去研究，才能判断这个 "创新" 是不是有价值。

加菲 师姐，你上面这句话，咱们能不能再展开讨论一下，什么叫 "新资料还得结合'老问题'去研究"？

三花 我这句话是用来判断 "创新有没有意义" 的。资料固然是新的，但它之所以有意义，必然是因为它对既有问题造成了挑战。这句话你明白咋回事儿吧？

加菲 懂。套用一个不大新鲜的梗：狗咬人不是新闻，人咬狗才是新闻。只有违背了常理的东西，才会引发人们的关注。

三花 所以，我们判断新资料 "新不新"，标准应该是什么？

加菲　不仅仅是"这个资料是刚刚发布的"，这显然不算新，我们还应该关注，新资料是否对旧有观念造成了冲击，对吧？

三花　对！我们刚才讨论"观点创新"时曾经说到，"用旧理论分析新问题"和"提出新理论"一样，都能构成观点创新。此处我们说到"资料创新"，就是要用"新资料冲击旧理论"。举个例子，你听没听说过"私权力"这个词？

加菲　听过，但我不是很清楚这是怎么回事，难道不应该是"私权利"吗？

三花　"私权力"这个词就是非常典型的"用新资料冲击旧理论"。我们都知道，"权力"在传统语境下必然是"公权力",而"私权利"的"利"也只能是"利益"的"利"。然而,在当前的数字治理语境下,却的的确确出现了"平台私权力"这么一种现象:数字平台能够享有此前国家才享有的权力,比如把美国总统的社交媒体账号封禁掉。所以,这就是"新的事实足以冲击原有理论",这样的资料就完全可以作为创新性资料,我们也完全可以以此为基础架构起一篇论文。

加菲　好的,懂了!师姐,还有什么创新方法值得我学习一下吗?

三花　有,我可以跟你讲讲,但我从来没用过。

加菲　为啥?是太难了吗?

三花　不只是太难了,而且咱导儿不让我用。这种创新方法就是理论创新。咱导儿曾经说过,他现在这个年纪,都不敢说自己能整出来啥重大理论创新,所以,让我别一头扎进理论创新的大坑里出不来,或者说,对现有理论挑挑拣拣就算创新了。

加菲　哈,可是,法理学专业的博士生怎么办啊?他们不都得研究理论吗?

三花　不是说"不行",只是说"慎选"理论创新这条路,除非你特别偏爱理论研究。除此之外,还有一种创新方法,是方法创新。这句话说来有点儿绕,但其实是指"采用前人没有用过的研究方法"。

加菲 　师姐，啥是"前人没有用过的研究方法"？

三花 　我也不知道。我觉得咱们社会科学研究只有有限的几种
　　　研究方法，总不能"为了创新而创新"，自创一种研究方
　　　法吧？我曾经围观过几次开题，其中就有同学表示，他
　　　希望进行"方法创新"，然后当场就被老师们反问："你
　　　使用的比较法研究方法和跨学科研究方法究竟创新在哪？
　　　此前从未有人用过这两种方法研究这个问题吗？"

加菲 　哈，我估计不大可能。

三花 　其实，"方法创新"不是不行，但通常不出现在咱们纯文
　　　科专业。

加菲 　所以，我总结一下，我想要找到创新点，就要做这么几
　　　件事：第一，夯实基础，对本学科基础知识有一个全面
　　　的理解；第二，追踪学术前沿，知道当前最新发生的事
　　　件；第三，或者用旧理论去阐释新事件，或者用新事件
　　　去质疑旧理论或者至少是质疑原有认知。对吗？

三花 　对！然后，小论文的创新点汇总起来，就是大论文创新
　　　点啦。

加菲 　好的，谢谢师姐！现在我知道"创新点从哪里来"了。
　　　那具体到"写论文"，我应该怎么做？你能给我举几个例
　　　子吗？比如，你从前是怎么发现创新点的？

三花 　可以啊。第一个例子：我发现了一个新案例，完美地阐

释了之前仅存在于学理的某个旧理论。我当时的反应就是：哈？真有人敢想敢干？

加菲 然后就可以写论文了，是吗？

三花 是！然后我论文的主旨，是"这个理论为什么在今天终于被某国实践了"。这个例子和刚才咱们说过的"寻找创新点的三个步骤"几乎完全一致。我先是知道了一个理论，然后发现了一个新案例，最后用新案例阐释一下"理论如何付诸实践"。

加菲 所以，师姐你是很久以前就曾经看见过那个理论，是吧？

三花 是。尽管我对此不是特别熟悉，只是大致知道有那么回事儿。但一看到案例，就迅速勾起了我久远的回忆，有一种"哇，终于等到你了！"的冲动。

加菲 "众里寻他千百度"那种感觉？

三花 差不多。我再给你举个例子，和上一个例子正好相反。我发现了一个新案例，这个案例和以往所有案例都不一样。我当时的反应是：啥？这两种案例肯定有一种是错的，不是新案例错了，就是老案例错了！

加菲 哈，于是，你又写了一篇文章？

三花 是啊。我先去读了一下新案例，分析了一下它和老案例为什么都不一样，最终得出一个结论：这个案例之所以和老案例不同，是因为在某某因素的作用下，法院对某某要件进行了全新阐释。

加菲　然后呢？这就可以写吗？

三花　不能。我还得分析一下，这个"全新阐释"对不对。我研究发现，"全新阐释"其实对应着一个很久以来一直存在争议的问题。只不过从前一直是"肯定说"占上风，新案例是第一次有法官公开支持"否定说"。于是我就写了一篇文章，主旨就是论述这个争议问题在新案例中的全新阐释。

加菲　也就是说，师姐你首先是读过若干个老案例，这样才能发现新案例和老案例判决结果完全不同，进而才产生研究兴趣？

三花　对。

加菲　然后，你还得知道两个案例背后的理论纠葛？

三花　对。

加菲　……算了，这个有点难，我可能学不来。

三花　这个不难啊。只要多读点儿书就成。

加菲　我终于明白一件事了。我隔壁商法学的姐姐发了一篇 C刊，我去问她是怎么发现这个选题的，她说，她看到那个最新立法就想到应该这么写了。原来这姐姐说的是真的？

三花　我觉得她真没骗你。她只是没跟你讲上述全流程而已。

我自己其实也是这样,"发现创新点"的过程绝对不是用了三天三夜才完成的。这个过程完全可能是"一拍大腿"、一瞬间就完成的。我打个比方,假如有一杯水,在一间温度为 19℃ 的屋子里,居然结冰了。你的第一反应是什么?

加菲　这不可能!因为,水结冰的温度应该是 0℃ 而不是 19℃。这一定是因为水杯本身是刚刚从冰箱冷冻层拿出来的,所以以水遇到这个特别冷的杯子才会结冰。原理类似于"炒酸奶"?

三花　你需要查资料吗?

加菲　不需要。因为我知道水在 0℃ 才会结冰,我也见过"炒酸奶",我家里甚至还有个很小的炒酸奶机。

三花　那不就得了?发现一个可以写论文的创新点,实际上就是这个流程。

加菲　哈!原来如此!谢谢师姐!师姐还有别的例子吗?就是"发现创新点"的例子,我特别喜欢听这个。

三花　有。我还有一篇论文,发现创新点也是"一瞬间"的事儿。某日,我看到一个刚刚发布的判例,我当时好惊讶:怎么可能,这是错案!国际经济法肯定不是这样的!我要研究下这个错案究竟是咋回事!

加菲　然后呢?

三花　我读完了整篇判决后发现，从结论上说，那的确是个错案，违反了一系列国际法基本原理。但是，从推理过程上讲，它还真不是明显错误，而是利用了国际法当中的某个漏洞。于是，我就以此为题写了一篇论文。

加菲　有意思！这严格来讲不是"一瞬间"吧？那个案子你读了多久啊？

三花　三天。案子特别长，一百来页。我得全都读完才能发现漏洞究竟在哪，但读的过程一点不累，甚至有一种"福尔摩斯探案"的刺激感。

加菲　哇！真的？

三花　真的！科研有意思！

加菲　师姐，我再多问一句哈，有没有一种可能，是"发现创新点"这个过程本身耗时很长，过程很痛苦，甚至原本以为可能是创新点的内容经过研究后发现根本没法写论文？

三花　有啊。你光听我讲上面这几个故事，可能觉得"选题一点儿都不费劲"，但这是个很典型的"只见过贼吃肉，没见过贼挨打"的错觉。你知道吗，除了这几个能写论文的选题，我废弃了不知道多少个不能写的选题啊！有的选题是"感觉可以写，查了资料发现是我记错了"，有的选题是"感觉有创新点，实际上也有创新点，但这个创新点我写不了啊"。

加菲　这是什么情况？

三花　太难了！需要特别繁复的理论论证！我做不到！

加菲　也就是说，发现了一个"点"，但完全可能写不了？

三花　对！这就跟"我知道做拔丝地瓜的每一个步骤，但做不出来"是一个原理。你知不知道，有一种人，他心里明白咋回事儿，但说不清楚？

加菲　知道啊，我表弟就是！

三花　我写某些理论性特别强的题目就是这个状态，所以，那个看上去挺不错的选题就只能放弃啦。

加菲　明白了，师姐。那我从现在开始，一方面需要多看书，另一方面需要多看新闻紧跟时事，对吧？

三花　对！祝你好运！

加菲　祝我好运！

第 17 话
关于开题的那些小事

　　博士研究生二年级下学期的五月，有余教授呼唤了三花与德文。

有余教授　三花、德文，咱们六月初就要开题了，你俩准备得咋样了？

三花　老师，我觉得我可以开题了！我的提纲都已经列完了，而且，我在提纲里把已经有初稿的部分都标了出来！

有余教授　真的吗？大约有多少是"有初稿"的？

三花　30%？其实也不算有初稿，准确地说是"这个领域已经写完小论文了，所以我比较熟"。

有余教授　明白，这样没问题。你没把小论文整体放进大论文就成。

三花　老师，这个我懂哒。那么做的话，查重可过不了！

有余教授　德文，你呢？

德文　老师，我打算全部构思好了再动笔，所以现在还没开始。不过我也已经大致构思好了。

有余教授　你这种写法也成，只要你后期脑力跟得上就没问题。你俩知道开题的程序吧？

三花　知道！我旁听过上一届的开题。首先，每位同学有几分钟时间阐述自己的选题，大概不超过 10 分钟吧。这个过程理论上不要求做 PPT，但我看上一届的师兄师姐们都做了。然后就是等着老师们提问，有的问题需要回答，但多数问题都不需要回答，我记下来就行了。

有余教授　那么，陈述环节你打算说什么？

三花　我为什么要写这个题目。

有余教授　好，为什么？

三花　因为我发现这个问题学术上是有争议的。有的学者认为……也有的学者认为……尤其是国外学者……但我觉得他们说得都不对！

有余教授　德文，你觉得这个"为什么"咋样？

德文　老师，我感觉怪怪的，但又说不清怪在哪儿。

有余教授　的确"怪怪的"。问题其实不在于学者有争议，而在于此处为什么会有争议，你的逻辑能不能再往前走一步。

三花　啊，懂了懂了！我咋这么笨呢。学者们对于贸易救济滥用问题有争议，根本原因在于他们对贸易救济的功能的认定有分歧。这个分歧产生的原因是 WTO 贸易救济规则的规定太模糊，留了很多的"口子"，然后这些口子就被某些国家滥用了。

有余教授 好！所以，你在陈述"为什么要研究这个问题"时应该说什么？

三花 我应该说，因为贸易救济措施的滥用目前已经成为一个严重问题，在学理上引发了很多争议？

有余教授 别。后一句换个说法：贸易救济措施的滥用目前已经成为一个严重问题，对此的研究将有助于……

三花 有助于我国为本国企业产品出口破除贸易壁垒，有助于我国在规则谈判和国际应诉中进一步澄清规则本质？

有余教授 很好，两个"有助于"换个顺序就行。明白了吗？

三花 懂了懂了！我要写一个题目，不是因为它有争议，而是因为它是一个有意义的、需要解决的问题。

有余教授 对。这个问题当然可以存在学理上的争议，但学理争议只是表象。老师们更希望看到，你在博士学位论文选题时能够去写一些具有实践面向的，能够解决"中国问题"的题目。

德文 老师，您这个论断是不是有例外？比如某些纯理论选题？

有余教授 对。哲学类的论文并不必然有这个要求。举个例子，有个西方哲学方向的老师曾经说过，他们专业的一个经典命题是"我们的认识为何可能"，这个命题就并不必然以"中国问题"的形式呈现。不过，咱们法学专业，除少数学科之外，很少有这种命题。尤其是你们要开题的题目，更不能是这种类型。

话说回来，开题陈述首先要介绍题目的意义，然后呢？

三花　我这篇文章的提纲？

有余教授　介绍提纲当然可以，但我强烈建议你按照逻辑结构而非章节顺序去介绍，或者说，你可以在 PPT 上呈现章节目录，但介绍的时候按照逻辑去讲。比如，"我的论文共分为八章，其中第一章是'提出问题'部分，阐释此问题对于中国的重要意义。第二章到第六章是'分析问题'部分，分别从 …… 几个角度，对某某问题进行阐释。"

或者，"第二章到第六章是分析问题部分，分别从外部成因、内部成因、催化因素、阻碍因素四个角度分析某一现象。"

千万别"第一章标题是……第二章标题是……"

我就曾经遇到过一位性格比较直率的老师，当场就表示："老师们都识字，请说重点！"

三花　哈哈哈！

有余教授　结构介绍完了，然后呢，你想说啥？

三花　创新点？

有余教授　可以。那么，你想怎么创新？

三花　资料创新？

有余教授　可以啊。还有吗？

德文　老师，如果我想的创新点是，别人是从"我国如何符合某某条约规定"的角度去研究某一问题，而我是从"我国如何创造自己的缔约模板"的角度去研究同一问题呢？

有余教授　你可以说"视角创新"。

德文　哦。

有余教授　其实所谓"创新点"，真的不是让你们说这几个名词。你完全可以实实在在地讲自己究竟写了哪些别人没写过的东西。我举个例子，你可以先说"资料创新"，然后后面马上紧跟一句：目前的已发表研究多以……为研究对象，而我的研究深入发掘了欧洲法院的 14 个相关判例，这些判例此前没有学者研究过，因而实现了资料创新。

或者：本论文紧密跟踪此领域最新实践，对……案例与立法均有评析，因而实现了资料创新。

德文　懂了！

有余教授　基本上，开题前的陈述，有这三部分就够了：选题意义、逻辑结构、创新点。如果你愿意，可以再加一句，我研究完百分之多少了，但不说也没啥。

三花　老师，那么我能不能再问问，一般来讲，您是怎么判断一个开题报告会不会挂的啊？

有余教授　咱们学校对开题的判断其实很宽松，毕竟开题又不是毕业答辩，未来还有无限可能。所以，我们的判断方法是，只要一个题目不是"完全不能写"，就肯定会允许它通过开题，至多帮着博士生们提一点修改意见。

三花　那么，老师，啥样的题目是"不能写"的呢？

有余教授　题目太大、太小，选题太旧。

三花　懂了。选题本身有问题就好比种子有问题，那是绝对开不出花儿的。

有余教授　还有一种情形，就是这位同学开题时仅仅确定了一个论域而不是一个有待解决的问题。从前，我拿到过一份开题报告，题目是"论数字贸易规则"。这个题目的问题就是"大"而且"不聚焦"。直接结果是这位同学的提纲非常空洞，缺乏对一个特定法律问题的研究。所以，我们讨论了一下，认为他还需要对这个题目进一步研究，现在的研究状况只能证明他"懂数字贸易"，但不代表他能写出来与数字贸易相关的大论文。

三花　老师，我能不能问问，"懂"和"能写论文"的区别是什么？

有余教授　　"懂"是知道基础知识；"能写论文"是知道现有知识的边界。

德文　　也就是说，这位同学是"刚刚把自己给科普完"就来开题了？

有余教授　　可以这么说。还有一种情形，是题目本身没问题，但对于一个博士生而言太难了。我举个例子，假设某位博士生想要重构债法的请求权基础？

德文　　哈，这个题目应该是博导级别才能做的。

有余教授　　我觉得是泰斗级别才能做的。

德文　　所以，老师们会根据自己的经验判断题目"能不能做"，对吧？

有余教授　　对。其实也不只是自己的经验。还有一种可能，题目本身并不必然是"博士生做不了"的，却是"这个博士生做不了"的。判断标准也很简单：看提纲。如果题目很好，但这名博士生的提纲不知所云，那就只能反映出一个问题——他掌控不了这个题目。毕竟，从撰写博士生期间研修报告到开题，一般来讲已经过去了两年时间。而如果一名博士生在两年的研究过后仍然无法掌控一个题目，那么，我们认为，他很可能在未来也难以掌控这个题目。

德文　　老师，有没有这么一种可能，这名博士生是匆匆忙忙选的题，而不是真的像您说的那样，"用两年时间研究了一个题目"？

有余教授 也有可能。但如果真的是这样，我们请他对这个题目再研究一段时间，待研究更充分之后开题，有问题吗？

德文 没问题。也就是说，如果一名博士生对题目的认识不充分，他的开题也可能挂掉？

有余教授 可能。

德文 老师，那还有其他情况吗？

有余教授 主要就是以上两种情形了，其他情况都属于偶发现象。比如上下两届同学选了基本一样的题目，并且那个题目不可能存在两种写法，这种情况下必然是后开题的那位同学需要让步。不过你俩都不存在这个问题，你俩的选题和上面三届都不存在任何重复。

三花 老师，您为什么要强调"三届"？

有余教授 其实也没什么特别原因，只不过从前出过一次因为题目重复而否定了某位同学开题的情形。大概三年前咱们院曾经有一位博士生写过那个题目。

三花 老师，写过的题目一定不能再写吗？

有余教授 那倒不是，毕竟同一个领域不可能只有一位博士生研究。但是，刚才提到的那个题目，我感觉应该写不出新意，因为，那个领域三年来没有任何新动向，至多有几个司法解释。实际上，这位同学的参考文献也能反映出问题：大量文献都比较老旧，三年内的文献都不是很多。

三花　懂了！好的！那么我们就放心去开题啦。

有余教授　去吧去吧，根据我的经验，你们的开题一定会顺利通过的！

第 18 话
"师姐，我有读博的天赋吗？""别自我怀疑，你有。"

博二期末，三花同学跟加菲师妹喝了个下午茶。更确切地
讲，是三花同学吃吃吃，加菲师妹一脸迷茫。

加菲　师姐，我有问题想要问你，还是"不敢问咱导儿"的
　　　问题。

三花　没问题，你尽管问。我保证保密。

加菲　师姐，我读博也读了一年了，一直有个疑问让我越来越
　　　闹心，你说我究竟有没有读博的天赋啊？

三花　你咋想问这个啊？没有读博的天赋，咱导儿咋能收下
　　　你呢？

加菲　万一咱导儿看走眼了呢？

三花　……咱导儿已经招收了 14 位博士生，目前成功毕业 10
　　　人。我上面甚至没有延毕的师兄师姐。你觉得咱导儿识
　　　别博士生天赋的水准还不够高？

加菲 师姐，我不是怀疑咱导儿，我是怀疑我自己啊！

三花 为啥？有原因吗？

加菲 有！我博一那年刚入学的时候还是对自己很有信心的，感觉博士这么高大上的学位都能让我来读，我一定能按时毕业，发表一堆文章，毕业后还能找到一个好教职。但是，读了一年博士生后，我对自己的信心越来越差。博一上学期期末，我觉得自己搞不好会延毕了；现在是博一下学期期末，我觉得自己搞不好毕不了业了！

三花 为啥？

加菲 因为我写不出论文也发不出论文！我感觉自己没天赋啊。

三花 师妹你冷静下，现在不是刚刚博一下学期么，你未来还有两年的时间。急啥？

加菲 不是我急啊，是我的同学们都很优秀。我隔壁那位，博一一年就发表了三篇论文。还有一位同学，虽然只发表了一篇，但那一篇是北核啊！我甚至还听说有一位同学独立署名发表了一篇 C 刊！

三花 哈，我明白了，你现在的心理问题其实是博士生们很容易产生的一种问题：同侪压力。你看到别人的成功之处，就很容易产生"我不如人家"的情绪，但这种比较其实没有什么实际意义。我只跟你讲我看到的事实：我认识一位师兄，他是博一、博二、博三各发表一篇文章，而后顺利毕业；但也有一位师兄，博一只发表了一篇普刊，但博三连续发表三篇论文，最终也顺利毕业了。这两位其实没有任何区别，对吧？

加菲 话是这么说，但我博一一年都没发表什么论文，总感觉不是很自信。如果这种状况一直持续到我博三可咋办啊？

三花 我能不能问问，你论文写作进度如何？咱们先不说"发"，只说"写"。

加菲 还好吧？我博一共写了两篇小论文，其中第二篇被拒了一次，但第一篇被拒了三次！现在还没找到愿意接收的期刊。

三花 别告诉我，你选的都是北核或者 C 刊？

加菲 嗯，这不是核心期刊可以离毕业要求近一些吗？

三花 对，但是投这些刊物造成的打击也大一些。根据我的同学们对于投稿经验的交流，"十投九不中"是常态。"百发百中"简直是奇迹！所以，我建议，你看要不要从口碑好一点儿的普刊开始投？不管怎样，写出来的文章还是要"发出去"才好写在简历上。

加菲 师姐，可我还是有点儿舍不得，论文毕竟是我辛辛苦苦几个月才写出来的！

三花 那么咱们也可以采用"消费降级"的方法。一篇稿子写完了，可以先投一个 C 刊，被拒了再投 C 扩或者北

核，如果再被拒了再降一个档次。你看这样会不会好
一些？

加菲　应该会吧？

三花　其实，我博一那年投稿也是从普刊开始的。当时也没想
过"划不划算"的问题，只是觉得自己年级低，论文写
得也没那么好，只要发表出来就会很高兴了。后来等到
连续两篇论文都发表了，我才开始动心思想要试试 C 扩。
等到论文也顺利在 C 扩发表了，我才觉得自己应该可以
尝试一下往 C 刊投稿了吧？这个过程整体来讲并不是很
痛苦，因为投稿毕竟有一个阶梯性，我觉得只要简历的
长度在不断增长，我就离毕业近了一步！

加菲　师姐，我好奇地问一下哈，你博一的时候是不是身边也
有一群比较优秀而且擅长发表论文的同学？你当时看到
他们发论文，心态就没崩吗？

三花　还真没！一方面，可能是因为我对自己的评价也比较低
吧？你看我投稿都从普刊开始尝试就是证明。所以，我
完全可以接受其他同学比我优秀。其实，不论是读博还
是做其他事，如果心态是从低往高走，那么大概率不会
出现心态问题。比如，假设某位同学的心态是"我能毕
业就行（博一）→我居然发表论文了！（博二）→我居然发
表 C 刊了！（博三）"，那么，这位同学大概率会在整个
博士期间都挺乐呵，甚至会逐渐建立起自信心。但如果

某位同学的心态是"我是学术奇才!（博一）→我写出来的论文咋就发不出去（博二）→我怎么连论文都写不出了（博三）"，那么，这位同学的心态大概率会崩。我自己恰好是前一种情况，博一时写的小论文，我甚至试都没试过往 C 刊投，因为我完全清楚自己和 C 刊有差距。在这种情况下，只要论文能发表，对我而言就是意外之喜。所以我当然不会有心态问题，更不会觉得同学们比我优秀有啥啊!

另一方面，我觉得读博这事儿本身也不存在一个竞争的关系。我和我的同学们在未来很有可能一辈子都不会有任何竞争关系，尤其是和我不是一个专业的同学，大家发展方向各不相同，所以何必计较呢! 我从读博那天起，最终目标就只有一个——顺利毕业。只要能实现这个目标，中间过程是啥样的其实并不重要。或者，我问你一个问题，你现在是希望你的师兄师姐师弟师妹们都比你成功，还是希望他们都没你成功?

加菲　师姐，我没明白这个问题……

三花　这么说吧，如果你身边所有的同学都比你成功，那么你将来就有了无数个可以求助的对象! 但如果你身边所有的同学都没你成功，那么，你未来就只会接到无数个求助请求啦。所以，你看，同学们都比你成功也不见得是啥坏事，对吧?

加菲 哈，那倒是，比如师姐你现在就是在帮我啊。那么，师姐，我再多问一句哈，你担不担心未来找工作的问题？

三花 不担心。你有兴趣的话，可以去围观一下咱们上几届博士毕业生的工作情况。师兄师姐们只要能够顺利毕业，在毕业季就都能顺利找到工作，绝大多数都是手持若干 offer。其实，博士生就业市场并没有你想象的那样残酷，放心！

加菲 好哒，师姐你加油，我等着听你的好消息！

三花 好！我还有一年时间呢，明年春天我先去就业市场探探路。不过，咱们今天既然说到"心态崩了"的问题，我顺便跟你介绍几种调整心态的方法？

加菲 好！其实师姐你已经给我介绍两种方法了，就是如何看待"同学们都比我优秀"的现实，以及"消费降级投稿法"。

三花 其实还有一些其他方法啦。有一种方法，我叫它"欺软怕硬式科研法"，或者说，"扬长避短式科研法"。即，当你发现一个问题特别困难，你没必要和它死磕，可以暂时中止对此的研究，或者换个方向去研究同一个问题。

加菲 师姐，你用过这种方法吗？

三花 用过啊。其实咱们导儿也用过。你知不知道我是咱们师门理论功底最差的？

加菲 不知道，咱导儿没说过啊。咱导儿还表扬你写论文的文献基础特别扎实，案例检索特别到位，让我多向你学习。难道……

三花 对。我这就是"欺软怕硬式科研"。我的理论水平特别差，法理学看不懂，政治学看不懂，国际关系勉强看懂，但"看得懂"又不意味着能写进论文。所以，当我写了几次理论色彩比较浓的论述，但都被咱导儿嘲笑之后，我就索性去做纯案例研究了，至多在论文后半部分写点儿理论点缀一下。

加菲 哈，原来如此！这就有效避免了"认为自己没天赋"的问题！

三花 没错，我认为读博应该是"扬长避短"而非囿于"木桶效应"。也就是说，我们都该做自己最擅长的领域，而不是非要去跟咋学都学不明白的东西死磕。其实这个道理应该是挺明显的，毕竟，咱们考博的时候，报考的都是自己最擅长的学科，对吧？没听说哪位考生喜欢法理学却非得读刑法学博士？

加菲 有道理！所以，我应该在撰写大小论文时注意扬长避短，有的领域如果实在研究不明白就应该主动放弃。对吧？

三花 对。其实哪怕是咱导儿，平时也敢对外表示"某某领域我不懂"的。这事儿不丢人！咱们接着讲，第二种调整心态的方法，是"远离负能量"。我举个例子，你身边有没有那些让你"碰上就心烦半天"的人或者事？

加菲　有。我们宿舍楼里有这么个同学，不是咱们院的，见面就特别喜欢问"你最近在写啥？发了多少论文了？"然后炫耀一下自己又在研究什么，发表了什么。

三花　我估计你朋友圈里没准儿也有？

加菲　有。有位同学是我在公共课上认识的，当时是因为期末考前交换资料所以加了微信。他的朋友圈里全是负能量！我不知道为啥，他总转发一些"某某大学博士生抑郁""今年是博士生找工作最难的一年"这样的帖子。

三花　对，我说的就是这种事儿。对于你说的那位喜欢炫耀的同学，你如果能远离就远离，比如平时别一块儿吃饭或买东西；如果远离不了，比如经常在公共洗漱间碰到，那么也可以"以魔法打败魔法"。比如说，见面就可以跟他说：你知不知道我们院出了个天才师兄？他去年已经毕业了，所以你应该没听说过他，这位师兄读博期间发表了十三篇论文！

加菲　师姐，你是说，让我碰到那位喜欢炫耀的同学就表达一番对师兄的崇拜？

三花　哈，对！反正你也不认识这位天才师兄，所以根本不用担心被说成"你暗恋他"。

加菲　好！

三花　至于那位负能量同学……要么你就把他朋友圈屏蔽了吧？

加菲　好，反正我除期末考试之外应该不会和他有交集。

三花　还有方法三——"有事早说"。据我观察，很多博士生觉得自己没天赋，实际上是因为和导师之间出现了摩擦，然后被导师否定了。师妹你没有吧？

加菲　嗯，有？不算摩擦，但前几天咱导儿的确否定过我，就是跟我说"让我向你学习"那次。

三花　原来你心态崩了的诱因是这个！那么咱导儿因为啥否定你的？

加菲　咱导儿说我研究的都是一些华而不实的东西，没有沉下心去做学术，所以写出来的东西都发不出去。

三花　……师妹你研究啥了？

加菲　国际条约当中对于投资者权利的描述，为什么是定义式的而非列举式的？

三花　好吧。然后呢？

加菲　然后我心态就崩了！我也想发表论文啊，但是，我怎么知道这个题目不好写也不好发呢？我是真正开始写了之后才发现这个题目不好写。然后，研究了俩月还没写出来成品论文。于是，咱导儿就不高兴了……

三花 那么，你看，你能不能下次在写某一个题目之前先跟咱们导儿谈谈？

加菲 师姐，我有点怕咱们导儿……

三花 我也有点怕。但我博一那年写小论文之前还是会去和咱们导儿讨论一下选题的，当然也有时候是大纲弄好后再去和咱导讨论一次。这样的好处，是可以避免走弯路，以及避免让咱导儿更不高兴。打个比方，咱导儿希望你往东走，那么，你觉得是"他发现你往西走了三米"的时候生气，还是"他发现你往西走了三公里"的时候生气？

加菲 当然是三公里啊。

三花 对。所以，既然咱导儿自带纠错功能，那么，咱们还不如多去薅薅羊毛，至少可以避免更大的损失，以及避免咱们的自信心受到更大的打击。你说对吧？

加菲 有道理！所以，这次的事故其实并不是因为我没天赋，而是因为我在岔路上走太远了？

三花 我觉得是！"往东走三公里"和"往西走三公里"之间的差距完全可能仅仅是"一小步"而非"六公里"。对吧？

加菲 对！谢谢师姐，我现在高兴多了！

三花 别客气，读博其实就是个试错的过程。咱们师门这些人，谁没被咱导儿批评过呢？我再给你讲个笑话哈。有

个导师，每带一届学生，都会对他们说："你们是我带过的最差的一届!"这句话有毛病没?

加菲 没毛病? 毕竟历史是不断刷新的?

三花 然后，那个导师的学生们就保留了这个笑话。每当导师拉当年的新生进师门群，师兄师姐们都会私下里开玩笑："看，最差的一届来啦!"

所以，你遇上的其实仅仅是一点小问题而已。真没啥!

加菲 好哒! 谢谢师姐!

第四季

冲　刺

第 19 话
学术简历跟工作简历差不多吗？当然不是！

进入博三，顺利开完题的三花同学与德文同学一道，共同进入了博士冲刺阶段。刚开学，有余教授就召唤了两位目前在他名下最高年级的博士生。

有余教授　你俩都打算明年毕业，对吧？

三花 & 德文　是！

有余教授　小论文发咋样了？

三花　老师，按照咱们学校的要求，我觉得我现在的成果应该能毕业。我目前还有正在投的！

德文　老师，我也能！我后面还有在排刊期、未正式见刊的稿子！

有余教授　好，那么估计你们应该能按时参加年底的预答辩。从时间上讲，你俩这学期都应该开始投简历了，这几天去做一份学术简历发给我，我如果遇到适当的机会可以帮你们投一下。

三花 & 德文　谢谢老师！

（出门后）

三花　德文，你会写学术简历不？

德文　不会，咋整？我没见过这东西啊！跟本科毕业找工作的
简历一样不？要不要回去问问咱导儿？

三花　你敢去？

德文　不敢。

三花　这样吧，我把我师兄喊过来，咱们请他吃个饭？

德文　哪位？

三花　大橘，现在在某研究所读博后呢，明年也要出站。

德文　哈，你早说啊，我也认识他，我从前和他住一栋宿舍楼。
那咱俩找他去？

三花　好！

　　于是，第二天下午，三花、德文与大橘在某研究所外面的
金拱门见了面，三花熟练地在自助机上点好了三份 1+1 套餐。

大橘　听说你俩都要找工作了？

三花　对！老师和我们要学术简历，说是有合适的机会帮我们
推销下，但我们都不会写欸。

大橘　行，那咱们就分析下。其实学术简历本身也不难写，抓住规律就很简单。我先问你们一个问题：学术简历的目标是什么？或者说，你们要写的学术简历的目标是什么？

三花　找工作！

大橘　什么工作？

三花　高校啊。

大橘　哪种高校？

三花　……师兄，你是问我要去哪个地方的高校吗？

大橘　不，我是问你们，未来是想去比较看重科研的高校、比较看重教学的高校还是研究所。

三花　哈，原来如此！我觉得，我目前的成果，应该可以去好一点的学校，比如省会城市的一本，但估计应该不够留在京城的。那么应该是"看重科研的高校"吧？

德文　我的目标是想留在京城，对学校档次没有要求。我也可以接受教学类岗位。

大橘　那么你应该还有一类选择，党校系统你愿意去吗？

德文　可以可以！我三观可正了！

大橘　好，那么我先给你们讲讲学术简历的一般写法，然后再分类强调下各自的偏重。

首先，简历第一行写啥？

三花 "简历"！哈，师兄，我不可能这个都不知道，写姓名。

大橘 然后呢？

三花 出生年月，性别，籍贯，政治面貌，联系方式。

大橘 那么我再问一句，这些信息为啥要写？

三花 因为大家都这么写？

大橘 不完全是，其实对博士生求职而言，这些信息完全可能传递一些你的优势。

德文 师兄，比如说我要去党校求职，是不是"政治面貌"就必须写？

大橘 对，你反应很快。

三花 所以，我写籍贯是东北，就有利于应聘东北高校？

大橘 很好！我都想说"孺子可教"了。如果你是本地人，应聘本地高校，对方很可能对你更放心，因为不用担心你来了之后三个月就水土不服，跑啦。

三花 哈哈哈，我听过类似的故事！我爸爸同事家的儿子，大学毕业去了广州三个月，实在不适应当地饮食，于是麻溜地滚回了重庆！

大橘 同理，年龄也可能是个优势因素。比如说你俩，博士毕业的时候都很年轻，用人单位看到简历上的"年龄"因素，至少会认为你们年轻、有冲劲、肯干。

三花　好的，那么除了上面这些因素，还需要写啥？

大橘　求职意向，即某某院某某岗。这个通常写在上面这些个人基本情况后面。

德文　我懂。因为同一个院完全可能既招聘教师，又招聘博士后，还招聘行政人员。如果我在简历上不写明白，收简历的老师未必知道把简历转发给哪位院领导。

大橘　对，就是这个原因。然后要写的就是教育经历了，这个得"倒着写"，没问题吧？

三花　没问题。就是按照博士—硕士—本科的顺序？

大橘　对。然后在写"博士"的时候，也可以把具体研究方向标注一下。比如这样：

　　　2018.09—2021.07　喵大法学院　国际法学博士研究生（研究方向：国际经济法）

三花　明白啦，这是不是因为同一个二级学科项下可以有很多三级学科？

大橘　对！硕士阶段你可以标注也可以不标注，本科就不用标注了，因为本科应该不分方向。

三花　嘿嘿，我是个例外，我的本科专业真的是"国际法学"。

大橘　行，那么你写上也成。

三花　然后呢？

大橘　该写学术成果啦。这也是应聘高校与应聘企业、银行……的简历差异。学术简历中，不要在教育背景下面先写实习经历！

三花　哈，明白明白。毕竟我要找的工作是高校，我在哪实习过并不是很重要。那么学术成果怎么写？

大橘　按照重要程度写，不要按照时间顺序写。我举个例子，假设你去年发表了一篇 C 刊，今年发表了一篇 C 扩，那么 C 刊放在最前面，然后是 C 扩，最后是普刊。

德文　师兄，我是按照论文加脚注那种体例写简历吗？

大橘　不用啊。你总不至于在简历上再标注一下[J]。正常的写法是这样：

先写明作者身份，比如，独立作者、第一作者、除导师外第一作者。

再写论文名称、发表刊物和刊期，最后注明刊物等级。比如这样：

独立作者，《论严格责任的认定》，《法制科学》2023年第 1 期。（CSSCI 期刊）

当然，也可能有这种写法：

《论严格责任的认定》，《法制科学》2023 年第 1 期，除导师外第一作者，CSSCI 期刊。

两种写法的简历我都见过。

此处说明一下，强调作者身份，是因为你们在读博时完全可能不是以第一作者身份发文的，而强调期刊等级，是因为目标高校的老师们不一定记得住所有期刊的等级。尤其要考虑到，首次接触到你简历的往往是行政老师，你要是简历上啥都不写，让他们被迫一个个查询你简历上论文的等级……

三花　哈哈哈哈，那的确是给人家找事儿。那么除学术成果以外，我还需要写啥？

大橘　项目经历！这一栏通常叫作"主持和参与的科研项目"。顺序是先写"主持"后写"参与"。比如，咱们喵大的研究生科研项目你们应该都申请过对吧？那个就可以写进去。参与的项目，比如你们导师的国家社会科学基金项目，也可以写进去。当然，咱们得实事求是一点，参与就是参与，不要乱写。

三花　对！我就是写了我主持国家社会科学基金项目也没人信啊。

大橘　在这之后，再写奖学金、实习经历、是否通过法考、英语六级、计算机二级，等等。顺序你们自己决定。

德文　师兄，我还有个问题：我的博士学位论文要不要写进去？

大橘　可以写。通常写在两个位置，你自己挑一个就行。第一个位置是教育背景那里，写完了"博士"那一栏就可以接着写"博士学位论文：……"第二个位置是学术成果那里，可以把博士学位论文写在所有成果之前。

三花 为什么要把博士学位论文题目写进去呢？

大橘 因为，有的学校会偏向某一具体方向的博士生。比如，某高校刚刚成立了"数字法治研究院"，挂靠在法学院项下。

三花 懂了！如果我的博士学位论文题目是"论数字经济的国际规则建构"，对方就可能对我的研究方向感兴趣？

大橘 对。

三花 师兄，你刚才说，应聘高校不同，简历也应该有点儿差别？

大橘 对，这个差别主要反映在两方面。其一，如果你应聘的是科研型高校或研究所，用上面这种简历就成。但如果你应聘的是教学类高校，那么建议你在"教育背景"和"学术成果"之间插进去和教学有关的实习经历。比如在某高校兼职讲课、给你导师担任助教等内容。其二，咱们在发简历时通常还要同时发什么？

三花 套磁信！跟考博差不多！

大橘 对。面对的高校不同，"吹嘘"你自己的方式也不同。对于科研型高校，你要"吹嘘"的就是你科研能力多么强，写的论文多么好。但对于教学型高校，你需要"吹嘘"的就是，你口齿伶俐，讲课深入浅出，甚至能讲英文课。你如果愿意，甚至可以在套磁信里把你专门学习过播音主持的事写进去。

三花　可是，师兄，我有个问题哈，假设说我并不是特别清楚对方需要啥样的人才，怎么办呢？比如高校名称就是"某某大学"？

大橘　我举个例子，某高校招聘广告可能写的是"具有较好的学术背景及发展潜力"？

三花　哈，明白了。这应该是比较看重科研的。

大橘　那么如果广告上写的是"能胜任所讲授课程或毕业设计（论文）的指导工作"？

三花　懂了，这是学校更需要老师来讲课。

大橘　我还见到过这样的招聘广告——"专业素质过硬，有专业实践经验和成果者优先。"你们猜猜这个是招聘什么老师的？

三花　不知道，但我显然不行。我没做过律师或者法官啊。

大橘　放心，这不是法学院招聘广告。这个广告招聘的其实是实训课教师，需要带领学生上手去实践的课程，比如动画设计、播音主持一类课程。

　　当然，上面这些也并不绝对，如果能打听到点儿信息当然更好。比如，你完全可以直接写邮件给对方的院长或者学科带头人去询问，或者托对方学校的博士生去打听下。我就替我硕士同学打听过咱们院招聘信息！

三花　好的，懂啦。那我们这就回去弄简历了！谢谢师兄！

大橘　好，弄完了也发给我一份，如果我遇到合适的岗位也帮你俩投一下！

三花 & 德文　谢谢师兄！

第 20 话
"老师，我有点抑郁！""没事，暂时性的！"

博三开学后一个来月，有余教授再次召见了三花。地点是老师的办公室。

刚一进门，三花就觉得特别诡异。她那超级严肃的导师不仅在办公室里放上了巧克力、小蛋糕、焦糖饼干，还递给她一瓶冰糖雪梨——包装特别鲜艳的那种。

有余教授　三花，你最近论文写得咋样？

三花　还行吧，现在十月，我推进到五万字了。后面大概还有六七万字，但有的章节不需要重新搜集资料，只需要把从前写小论文的资料拿去写就可以了。十二月应该能弄完初稿！

有余教授　最近效率如何？作息时间规律不？

三花　嗯，效率不太高，至少没九月的时候高。九月时我一天三五千字不成问题，但十月就不行了，有的时候一天一两千字，有的时候写不出。

有余教授　那么，"写不出"究竟是个什么状态？

三花　两种状态。其中一种是"不想写"，就是特别懒，只想躺着。另一种是想写但写不出来，感觉想写的内容像仙侠剧里面的仙气那样在天上飘着，抓又抓不住。

有余教授　没事，我知道你怎么了。这不是啥稀罕毛病，是博士生到了写毕业论文时都会遇到的状态，我简称为"大论文抑郁"。当然，说"都会遇到"有点夸张，肯定也有遇不到的同学，总之发生概率极高就是了。这种问题的表现形式就像你说的那样，有活儿不想干，或者脑子里有内容但写不出。当然，你现在还好，至少九月时你就告诉我学位资格论文已经弄得差不多了。对吧？

三花　对！九月份的时候还有一篇在审稿中，现在到终审环节了，我觉得大概率能够录用。

有余教授　所以，你能不能想象，一个博士生，大论文写不出，小论文发不出，但发现身边的同学既能写大论文也能发小论文，他会是怎么样的状态？

三花　能。估计会出现失眠、焦虑、不想吃饭等各种症状。

有余教授　你没有吧？

三花　还好！我至少睡得着，我现在每天晚上十一点前睡，第二天早上七点起床，每天吃三顿饭，而且午饭晚饭都要有鱼或者肉。

有余教授 所以，你看，你的问题只不过是最简单的一种，对吧？

三花 对。

有余教授 其实你也不用太当回事，这种问题是暂时性的，等到你写完毕业论文肯定就好了。

三花 那么，老师，我应该怎么把毕业论文写完？

有余教授 咱们先解决"不想写"的问题。这其实是人之常情，咱们现在推行"五天工作制"是有原因的。任何人都不可能常年高强度工作，即便是非常热爱工作的人也不可能。毕竟，咱们的体力和脑力都是有限的，工作到一定时限就会产生类似于"强弩之末"的效果。

三花 势不能穿鲁缟？

有余教授 对。

三花 可是，老师，我博三了啊！博一和博二的时候，我为什么没产生"干不动活儿"的状况？

有余教授 博一和博二，你主要在做什么？

三花 看资料，写小论文？

有余教授 小论文从开始写到写完需要多久？

三花 如果您说的是"从搜集好资料开始算"，那么，是一个月。

有余教授 从九月到现在十月份，也正好一个月？

三花 明白了！因为小论文工作周期太短，所以还没等到我累趴下，就已经写完啦。

有余教授 差不多。小论文写作是周期性的，你总不可能一篇接一篇写。

三花 对！我一学期写两篇就很高效了。寒暑假期间可能有产出也可能没有。

有余教授 所以，你博一、博二都是劳逸结合的，但博三上学期写大论文，实际上从事的是一个不可能在你累倒之前写完的超大型工程。所以，你现在的状态，其实是一个"应该结束上一周期但又不可能真的结束"的状态。如果不能及时跳出来暂停一下，就很容易出现抑郁情绪。

三花 老师，所以，我前两年跟您说我在哪玩的时候，您从来不管我，也不说我不务正业？

有余教授 你不就是去了长城、颐和园那些景点吗？我管你干啥？你时不时就有论文产出，我对你放心得很。

三花 老师，我再明确一下哈，您的意思是，我今天应该把毕业论文先扔一边儿，出去玩玩？

有余教授 没问题。比如南锣鼓巷就很不错，我记得里面有一家店的双皮奶很好吃。其实，你完全可以把大论文以"章"为单位切割开，写完一章就放松几天。放心，磨刀不误砍柴工！

三花 老师，那我第二个问题怎么解决呢？字面意义上的"写不出"，感觉要写的内容跟"仙气"似的飘在天上抓不住。

有余教授 这其实不是大论文阶段才特有的问题吧？你写小论文时从未遇到过这种情况吗？

三花 没。写小论文的时候，如果我发现一个想法很"飘"，我通常不会去动笔写，因为我会感觉自己没准备好写这个题目。我会再等一段时间或者多读点儿资料，等到这个想法能被我抓住了再去写。

有余教授 那么，这个方法对大论文而言不适用了，问题在哪？

三花 我觉得啥都很"飘"！越往后写越"飘"！刚开头的时候还好，但写到两万多字就开始感觉脑子里一团乱了，啥都理不清楚。

有余教授 懂了。你现在说的"飘"和写小论文时遇到的"飘"不是一回事儿，尽管最终表现形式是一样的。写小论文的时候，感觉一个想法抓不住，这是因为"真的没想好"；但写大论文的时候，想法的"飘"，是因为你脑子里的东西太多了，你不是"抓不住"而是"理不顺"。

三花 对对对！这也是严重影响我效率的一个原因。我感觉能写十万字的资料都在我脑子里装着，有了一个想法的时候，别的想法也会过来打架。我会不由自主地想，换种写法会不会更好啊？或者，我会觉得，其实哪种写法都不是很好，但自己又决定不了最终选哪种。

有余教授 选择困难症？

三花 有点儿。

有余教授 这其实也是常见问题，很多博士生在大论文写到三分之一或者一半的时候会出现这个症状。这可以类比为电脑同时开启的程序太多了，然后在配置不是很高端的情况下就会动不动死机，把 CPU 烧干。对电脑而言，可以关闭几个不必要的程序来解决这个问题，对于人脑而言，改变配置显然不现实，但同样可以关闭几个不必要的进程。我举个例子，你在写第二章的时候，是不是还担心自己把第三章要写什么忘掉？

三花 是，我有时候还会复习一下后面的资料。

有余教授 我跟你讲个给自己减负的法子。你从我这儿拿些 A4 纸，回去之后就把大脑清空，把现在能想到的和博士学位论文相关的所有东西都默写下来。最先默写的是大提纲，就是第一章、第二章那种。每章当中的"节"标题能写多详细就写多详细。一时想不起来也没什么，可以先写后面的，啥时候想起来啥时候补充。这一步应该没问题吧？

三花 应该没问题。

有余教授 好，然后再拿一张新纸，把每一章每一节当中想用到的案例、理论等全都写下来。

三花 应该也没问题。我还能写出来"我想用这个论证什么"。

有余教授 你的结构应该是"论点—论证资料"清单，对吧？

三花 对。

有余教授 好！写完之后，把这一摞纸收起来就行了，如果有需要可以买个活页夹，就是外面是软皮、里面是透明的塑料小口袋——可以把 A4 纸插进去的那种。

三花 好的，咱学校超市就有，我见过，二十页的不到八块钱。

有余教授 二十页够用了！做完这些，你就可以放心地把大论文忘掉了，写哪一章的时候翻翻活页夹唤醒一下记忆就可以了。

三花　老师，我真的可以放心忘掉吗？

有余教授　可以啊。你实在不放心的话，可以在做这个清单的时候标注：写到某某问题时，需要和上面某章某节关联一下。比如你前面第二章提到了某问题，表示这个问题和本章主题相关但关系不大，所以要在第三章重点论述，那么，写到第三章的时候就最好呼应下：第二章是在某某语境下提到这个问题，但本章重心则在于……

在清单中标注的好处是，你不用在写第二章时强迫自己记得"我后面要做这件事"！否则，你潜意识里就一定会感觉"有事一定要记得"，这种状态是非常耗人心神的。

还有，如果你在写第一章的时候突然产生了灵感，想到某某资料可以写进第二章，或者第四章当中的某个问题应该如何去处理，这种突如其来的灵感也可以往刚才的清单里填，一张纸写不下甚至还可以往塑料小口袋里增加附页。这样做的好处是，避免这些突如其来的灵感占据你脑子的"内存"。如果不马上记下来，你很可能会面临两个后果：第一个后果，是你为了"不忘掉"而天天想着这些灵感碎片，然后把自己折腾得头晕；第二个后果，是你完全可能把这个灵感给忘掉，但却忘不掉"我曾有过一个灵感"，然后，你就会拼命去回忆，你究竟忘记什么了。

说到这个，我也强烈建议你现在买点儿便利贴，在你宿舍墙上专门留块地方做备忘录，比如"某月某日前向院里提交某某材料"，等等。总之，一切能减轻头脑负担的手段都得用上！你的大脑现在经不起各种琐碎小事打扰了。就算这些小事没法"外包"给别人帮你处理，也尽量别让自己时时刻刻想着它们。或者，你们年轻人如果用手机备忘录也是一样。

三花 好的，老师，我记住了，我现在心情好多了！谢谢老师！

有余教授 没事没事！来，巧克力啥的你装点儿拿走，这里有个塑料袋。你啥时候看见德文，也帮我跟他说一声，啥时候来我这儿一趟！

三花 好！不过老师您放心，德文没抑郁！他比我拎得清，最近一段时间，他每周末都要去郊区徒步一天。

有余教授 那就好！

（一周后）

三花 哎，大橘师兄，你咋来了？

大橘 我来瞧瞧你啊，最近咋样？吃得香不？睡得着不？

三花 哈，师兄，我知道你为啥来关心我了。我导儿已经找过我了，我没抑郁！

大橘 那就好。博三上学期或者说毕业论文冲刺阶段是抑郁高发期，我的确怕你出啥问题，正好回母校办点小事儿，顺便来瞅瞅你。

三花 行啦，师兄，我真没事儿，我现在绝对睡得着。自从我博一被你教育过后，我的作息规律得很，每天都是晚上十一点前睡觉。我们宿舍楼正对着本科生宿舍楼，那边晚上十一点钟熄灯，我们虽然不熄灯，但我发现那边一栋楼都黑了，我也跟着熄灯。

大橘 很好！写毕业论文是个细水长流的事儿，不要以为通宵一天就能写完多少。那我再问一句哈，你有没有写论文写得卡住了的时候？

三花 有啊。

大橘 然后呢？

三花 我会出去转转，比如去洗几件衣服、去超市买点零食啥的，回来再写往往就比较顺利了。咋了？有啥讲究？

大橘 没事，你这么处理挺好的。

三花 还有啥"不好"的处理方法吗？

大橘 有。我们这届有个同学就是没处理好"卡论文"这事儿，最后把自己弄到延毕的。

三花 您那位同学咋啦？

大橘 这么说吧，那段时间，我们大家都在疯狂写论文，然后我突然发现这兄弟开始昼夜颠倒。以前每天早上八点钟能够准时看见他背着电脑去图书馆，但那几天他突然通宵不睡，然后早上八点钟洗漱一下回去睡觉！睡一天！我还以为他突然想改变一下作息时间，试试昼伏夜出的科研节奏呢，直到有一天夜里，我才发现，这兄弟居然在打游戏！他宿舍门没关，里面还传来一阵一阵的音乐声。我敲敲门进去看，发现这兄弟蓬头垢面，红着眼睛跟游戏死磕呢。

三花 咋了，怎么毕业前夕突然迷上游戏了？难道是这位师兄失恋了？

大橘 不是，是他写论文卡住了，写到一个非常难以处理的问题，大概是"这个问题必须要写，但和整篇论文逻辑都存在出入"，所以他不知道怎么安排了。他去问他导师，但导师拒绝提供现成的解决方案，让他自己解决。

三花 于是呢，这位师兄想要放松一下？

大橘 差不多。但是，据他事后跟我讲，他打游戏根本不会放松，而是越打越焦虑，一方面知道自己应该去写论文，但另一方面又实在写不下去。

三花 我有点儿理解了，我身边也有这种同学。从表面上看像是摆烂，但实际上又时时受到内心谴责，总之就是内耗特别严重！师兄你放心哈，我才不会这样！我写不出论文就真的会去放松，而不会像鸵鸟把头钻进沙坑那样去回避问题，所以我不内耗！

大橘　哈，那就好。其实，写博士学位论文时出现抑郁情绪，只有一半的原因是论文本身难写，另一半的原因基本都是"博士学位论文"之外的。我的同学们当时抑郁，有相当一部分人不是因为"大论文写不出"，而是因为"小论文发不出、大论文没心情写"。比如，我有个同学曾经跟我说过，他手头只有两篇小论文成稿，不断向外投但屡投不中。你想想，每天充满希望地打开"作者投稿系统"，结果，不是发现状态已经变成了"退稿"，就是发现稿子石沉大海音讯皆无……我还有个同学一怒之下采用了"海投"策略，但问题是，退稿信也是一波波地涌进来啊。你能想象这两位同学当时的状态吗？

三花　能！这两位师兄当时应该也没心思去写大论文，而大论文本身又偏偏需要全神贯注地去写。我现在算是感受到了，光是一心一意地去架构大论文，就能把我整疯，更别提还得分神去想其他的事！

大橘　的确！其实你现在状态还好，毕竟我清楚你的小论文已经发得差不多了，至少已经达到了毕业的标准。这学期如果能锦上添花更好，但即便不成也不至于伤筋动骨就是了。

三花　哈，那得感谢师兄之前的指点！

大橘　说正经的，你开始找工作没？

三花　嗯，还没正式开始。我每天也会留意下招聘广告，投投简历什么的，但并没有开始全国各地到处跑去面试。

大橘　其实你这学期也不用太急着去面试，你未来想去高校是吧？

三花　对啊。

大橘　那就成啦。高校面试通常会在第二年的三月甚至更晚，也就是说，在你提交毕业论文盲审版之后。所以，你会有充分的时间去找工作的。这学期完全可以不用把找工作放在首位，简历可以投，但千万别患得患失扰乱了写作大论文的心神。

三花　好的！

第 21 话
论文送审与答辩全流程

博士三年级最后一学期的三月，三花同学终于完成了毕业论文的定稿工作，并且在提交论文期限的最后一天的早上上传了查重电子版（标明作者信息、Word 版）、送审电子版（删去作者信息、PDF 版）以及发表成果电子版。据院里研究生办公室的老师讲，近几年对于科研成果的要求已经有所放松啦，前几年甚至要求必须"见刊"，即以纸质版的形态出现，但是，这几年只要被中国知网收录即可，方便得很！

顺利通过提交材料的形式审查的三花同学，心满意足地在校园小广场溜溜达达，又顺手领走了着急地转圈圈的德文同学。德文表示，他那边出了大娄子。原本打算请打印社帮忙排版的，谁知道，打印社挤满了赶在最后一天交稿子的博士生，人家没空理他！

三花　……好吧好吧，我帮你！我的稿子是自己排的！

德文　谢谢！谢谢！打印社排个版要 50 块钱，我本想破点财的，可谁知有钱都花不出去！

三花　谁让你啥事儿都赶到最后一天！行了，我先帮你排版，你一会儿抓紧时间上传。别凑巧再赶上服务器访问高峰崩溃啦。

（当天晚上）

德文　三花，你学过算命咋的？今天服务器果然崩了，我上传了四次都碰上对话框一个劲儿转圈圈，就是不提示进行下一步！

三花　后来呢？

德文　后来我直接跑到研究生办公室了。办公室老师表示，可以延长到今晚十二点钟！等会儿我还得再试试！

论文送审后，下一步就是查重。对此，三花同学充满了信心，因为她坚信自己的论文重复率不会超过 10%。事实果真如此，8% 的重复率足以让三花一次通过。尽管，拿到查重报告单，三花也不是很理解，为什么报告单上会出现一些她从未见到过的论文名称。不过，三花同时也发现，还是有几位同班同学超过了 10%。其中一位同学，在论文当中引用了大量法条原文并进行了文本分析，论文因此大段大段地全线飘红，这位同学非常无语地向院里提交了人工复议申请，并随后获得了五名学术委员会成员签字确认最终通过了查重。而另一位同学，则是不幸地在上传查重稿时错误上传了 PDF 版，结果大量的脚注被查重系统识别成正文并标红。这位同学欲哭无泪地表示，"我咋知道查重系统能够识别 Word 的脚注但不识别 PDF 啊……"当然，这位同学最终还是在申诉后获得了第二次查重机会，并在上传了正确格式的文档后以 12% 的重复率有惊无险地通过。

　　当被加菲问及如何才能迅速通过查重的时候，三花表示，这其实一点都不难。

三花　第一，"保证自己真的没复制粘贴"是必需的，"用自己的话改写别人的论文"也最好别做。这倒不仅仅是学术道德问题，查重机制很灵敏的！只要关键词不变，哪怕改了个说法，也完全有可能被标注出来！

　　　　第二，写论文的时候注意不要大段大段引用法条或者名家著述。查重系统才不管你是否标注了"我这句是引用的"！如果实在想要引用，请放在脚注里，毕竟 Word 版本中脚注是不参与查重的。

　　　　第三，查重查的不仅是"和已发表论文的重复率"，还包括"和网络资料的重复率"。所以，大段复制网络文章简直是取"死"之道。当然，正常的博士生应该也不会在博士学位论文里复制网络文章吧？这东西它没啥学术含量啊。

　　　　第四，传说中的各种"降重策略"都不靠谱！从前有一种很流行的方法，是在别人的文章里加进去一些虚词。可是，用过搜索引擎的都知道，十年前的百度就已经支持"模糊搜索"了！还有一种超级不靠谱的方法，是"先用翻译软件译成英文，再把英文翻译回来"。之前真的有一个硕士师弟这么干过，然后，他直接被他导儿嫌弃了，他导儿说："你咋连中文都不会写，要不要我请学而思给你补补初中语文?"他导儿不一定知道这兄弟是用了"不靠谱降重法"，但是，他导儿知道这论文根本没法读啊。

第五，"论文要有创新性"这事儿不仅是针对外审而言的，这个要求无意中还能用来应对查重。他们这届还流传着一个故事，某同学的博士学位论文倒是没抄，但写的都是大家知道的东西。结果，查重结果出来，他赫然发现自己的论文和一大堆十年前发表的，甚至他自己都没听说过的文献重复了，而且是真的重复!

加菲　好的，我一定认认真真搞科研! 如果我论文挂在查重上，咱导儿能把我赶出师门!

　　查重过后，有惊无险或无惊无险通过查重的同学们就要准备论文送审了。其实送审也没啥好说的，只不过是删去论文上的所有个人信息，按规则排个版，再在指定系统上传即可。但比较心烦的是，等结果! 根据本校的规定，正常毕业的同学把论文提交三位专家即可，但延期毕业的同学需要把论文提交五位专家。送审结果分为 A、B、C、D 四档，A(答辩) 和 B(小修后答辩) 出现多少都没关系，但只要出现了一个 C(大修)，同学们就只能祈祷同时也出现一个 A 了。因为，根据学校的规则，同时出现 A 和 C 证明对论文的评判出现了极大误差，所以学生有权进行申诉，但如果是"B、C、C"或者"B、B、

C"，那么此论文就只能半年后再次送审。最差的结果，是论文评审出现了 D，此种情况下就几乎是一票否决。

　　关于什么时候能出结果，三花心里完全没数。去问院里，院里表示"一个月左右"。去问她大橘师兄，得到的消息更让她心烦：大橘师兄那年，盲审结果是陆陆续续返回的，最快的三周，最慢的一个半月。有一位同学甚至在答辩前三天刚刚接到盲审结果，差一点没赶上当年刑法组唯一一场答辩。于是，三花跑去问他导师："老师老师，您平时给别人的博士学位论文做盲审，是按什么标准评估的啊？"

　　有余教授笑眯眯地表示，按他的标准，三花肯定能通过，否则他绝不会签字同意送审。如果三花想听听盲审究竟是怎么做的，他当然也可以讲讲。

有余教授　其实，博士学位论文盲审都是有一张打分表的，跟你们复试打分表非常类似。打分表的第一个标准，是"选题"，即此选题是否具有新意和学术前沿性，是否能够推进理论与实践发展。换句话讲，就是这位博士生是否选择了一个"别人研究得不多"的题目，且这个题目是否足以将人类知识再向前推进一小步。

　　听到这里，三花大惊。

三花　老师，我不是爱因斯坦也不是牛顿！我怎么可能做到将人类知识向前推进一小步？

有余教授　没事没事，只要你写的东西是别人没研究过的，且提出了自己的见解，你写的东西就是将人类知识推进了一小步，或者说，有推进就可以。至于那一小步有多小，没关系的！再说，爱因斯坦和牛顿是"将人类知识向前推进一大步"，是吧？

三花 老师，那么，我应该能感觉到自己的研究有新意，是吧？

有余教授 当然！你的论文选题只要能够让评审老师眼前一亮，看到一些之前没有看到过的东西，就是有新意啦。

三花 好吧，但愿我的论文不是让评审老师眼前一黑……

有余教授 第二个标准，是"创新性"，即论文全篇论证有自己的独到见解。其实这个标准与"选题有新意"存在重复，"选题有新意"是指题目本身具有让人眼前一亮的内容；"论义有创新"则是指论证过程成功地将选题的新意展现了出来。而具体到论证过程如何创新，这完全可以是多种多样的。比如，用新理论研究既有问题，用新资料证明传统观点，或者，用新资料否定传统观点，等等。但是，哪怕一名同学在完全没有新资料的情况下，用旧有资料论证了全新观点，这也是创新！

第三个标准，是"论文学术性"，即论文本身是否用学术语言写成，用语是否规范，引证是否标准，论证本身是否严谨，论文是否存在硬伤。

其实某些专业还有第四个标准，是"论文的应用性"，但是，包括咱们法学专业在内的相当一部分文科专业都不做此要求，毕竟，有的论文天然就没法应用！

还有最后一个标准，是"论文的准确性"，即论文当中不存在明显的错误。

当然，以上标准并不是"每个 20 分、加总 100 分"，而是按照 A、B、C、D 档次打分的。在论文盲审表格最下方还会有一个"总评"栏，即这篇论文总体应当获得的等级是 A、B、C、D 当中的哪一个。除此之外，表格上就是一大块留白，供评审老师写评语啦。

三花听了有余教授的阐述，感觉还是有点儿懵。

三花 老师，您评审论文总不可能是分别按照这四个标准把同一篇论文读四遍吧？

有余教授 当然不能，做论文盲审通常只会从头到尾读一遍，综合评估过后再一一打分。至于具体关注的内容，其一，是"选题"本身是否新颖，大小是否适中。其二，是论文结构设计是否科学，是否能够明确体现作者的逻辑关系，而非传统"教科书"式结构，比如"某某的若干问题研究"这样的结构显然是大忌。如果能够从论文目录当中明显看出作者的思路架构，那么这篇论文应该在大方向上就已经合格了。其三，是作者具体行文与表述。这里有两件事儿是大忌：第一，论文排版乱糟糟，字体字号不统一，一会儿微软雅黑、一会儿宋体，一会儿单倍行距，一会儿 1.5 倍行距……这种情况是"大忌"，倒不是因为"作者不会排版就必然不会写论文"，而是因为，"这么乱的稿子，一看就是复制粘贴的"；第二，论文出现明显的错误，比如历史年代写错、案例阐述写错、条约解读写错……一两处错误还不要紧，但如果隔几页就有一处错误，那么，这篇论文极有可能会挂。

三花　老师，学术这事儿还有"错误"吗？难道真的有人会因为观点不一致就把学生的论文挂掉？

有余教授　那倒不至于，通常能给博士学位论文做外审的专家也不会这么狭隘。但这里说的"错误"可不是学术观点之争，而是"在任何人看来都不可能对"的错误。比如，有学生在论文里写，美国当前仍然在积极推进《全面与进步跨太平洋伙伴关系协定》（CPTPP）缔约，这很显然就是事实错误。如果这位同学基于此还进行了大段大段的论述，那么，很可能整节甚至是整章都没法看了！当然，还有一种错误也勉强算是"观点之争"，但属于"立场错误"，比如"站在发达国家立场评价劳工标准问题"或者说"站在美国立场看待中美经贸摩擦"。这种错误一旦出现就几乎宣告论文本身可以重写了。当然，这样的论文能够签字送审，论文导师也难辞其咎！

听到这里，三花长舒一口气。

三花　老师，我应该不用太担心了！我的论文材料都挺新鲜的，所以应该不会有创新性问题。论文的结构设计也基本复刻了小论文那种"提出问题—分析问题—解决问题"的经典结构，不存在教科书式的"若干问题研究"。论文排版是我亲自动手做的，还校对了三遍，应该也不会出现格式问题。还有，我的论文通篇都是在讨论如何保护我国在国际贸易当中的利益，绝对不会出现立场问题！

有余教授笑眯眯地递给三花一袋巧克力。

有余教授　那么你回去好好休息几天？我知道有一个"双一流"高校还在招聘教师，大概四月中旬统一面试。你到时候要不要试试去？

三花瞬间精神了。

三花　要要要！老师您把报名信息发给我，我这就回去发简历！

　　面试的事儿就那么过去了，和三花在这前后经历过的面试没什么本质区别。说是面试但其实也有笔试，三花同学写了些对于国际法最新发展的评述和对于国际法教学的看法。具体到面试那天，三花同学穿着白色小衬衫和藏蓝色西裤、米色平底鞋精神抖擞地走进了现场，在屋子里看到十几个穿着正式、头发不多、严肃程度跟她导师非常相似的学术委员会与教学委员会成员时，三花同学无比兴奋："多难得啊！这么多教授、博导来听我一个人讲课！"于是，问候完各位专家，打开 PPT，三花同学对着此前已经拉着德文同学模拟过 N 遍并在 N 所高校试讲过的选题开始讲啦。三花同学对此非常自信，因为，她不仅熟悉这份 PPT，而且也很熟悉要讲的内容。这个内容其实就是她博士学位论文对应的本科教材当中的一个基本原理！这是她导儿此前帮她精心挑选的题目。有余教授还在她第一次出门面试前对她说："就你博士学位论文研究的这个领域而言，你就是绝对的专家！包括未来参加你答辩的老师在内，任何人都没有专门花费两年的时间在这个问题上。所以，放心大胆地讲，你是谁都问不倒的！你不仅对要讲的这个原理非常熟悉，这个原理背后的历史、发展、最新演绎，都已经出现在你的毕业论文里啦。有十多万字的资料支撑，你有啥可担心的呢？"

　　反正她导儿都这么说了，三花同学也就从善如流了。数月以来，三花同学已经信心百倍地用同一套 PPT 讲过了若干高校，直至目前这一所她导儿介绍的也是她面试过的等级最高的高校。果真，这所学校真的能给她带来惊喜：20 分钟试讲过后，有问答环节，还是英文的！三花同学瞬间有一种"不仅在进行论文答辩而且还出了国"的感觉。"没事没事，相信咱导儿的，这个题目谁都没我熟悉。反正所有问题都能在试讲题目背后的博士学位论文里找到答案，而且，反正我读过的大部分资料也都是英文资料。咱啥都不怕！"再然后，三花高高兴兴地就试讲题目所衍生出来的种种内容聊了半个小时。三花表示，整个面试过程都很愉快！

　　面试结束后一周多，当三花同学已经回到母校继续等盲审结果时，有好消息传来，三花同学有望拿到今年的第四个 offer，只待成功通过毕业论文答辩全部程序即可。再过两周，三花同学在第二批次收到了盲审结果，足以让她小修后参加答辩。德文同学的盲审结果也在同一批，同样无惊无险顺利通过。于是，有余教授高高兴兴地开始组局：咱们专业今年共有四位博士生可以毕业了，五月底答辩怎么样？

答辩前的三花已经不慌了，提前几天打印了答辩用的论文，去研究生办公室借了横幅和胶带准备布置答辩现场，同时联系一起答辩的同学们凑钱买了些糖果、巧克力、果切、咖啡，等等。此外，三花同学还支出了一笔意义非凡的 12.5 元海报款。母校的传统，是博士答辩一周前要在教学楼下的公告板张贴答辩通知，上面有参加答辩所有专家、博士生、秘书的信息。一张打印好的海报大约需要 50 元，平均到四位同学分别支出 12.5 元。而母校另一项不成文的传统，是博士生答辩当天一定要穿好学位服与大海报合影留念。所以，"预祝今年合影成功！"是对每一个博士生在毕业季最为殷切的祝福！

　　答辩前的德文更加镇定，甚至没有三花那种上蹿下跳的喜庆劲儿。德文嘲笑三花："又不是没答辩过，咋这么沉不住气?"三花反过来嘲笑德文："是不是觉得自己论文写得差，现在还紧张着呢?"不过，直到答辩当天，三花才发现，德文不是不重视答辩，而是事到临头才会开始忙活。答辩时间是下午一点半，但当天中午十二点四十五分，当三花穿上小黑裙，化了淡妆，盘了头发，还戴了全套珍珠耳钉项链准备提前去答辩现场填各种表格时，她赫然发现，德文同学顶着 30 摄氏度的高温穿着全套西装皮鞋，还打了领带。三花大惊："咱俩同学三年了，我第一次看到你穿西装!你知不知道答辩那间屋子空调不大好用，要么不制冷要么出热风?"德文表示："没事，热也就热那么个把小时，我今天下午是第一个上场。等到你上场，我就去后排换成短袖!倒是你，三年来第一次见你这么淑女，咋不穿昨天那件印着蝴蝶结的 T 恤了?"

　　两人一路互相"伤害"着来到答辩现场，立刻被院里派来的答辩秘书塞了一叠表格填写、签字。随后，陆陆续续有师弟师妹们进场旁听，认识的不认识的都有。一点十五分，有余教授也陪同两位外校专家来到了答辩现场，但介绍过三花和德文后随即撤离现场。因为，按照答辩规则，导师一定要在自己学生答辩时回避。

三花　咱导儿不在，你紧张不?

德文　一点都不紧张!他老人家在现场我才紧张!总感觉下一

秒就会被骂！

　　整个答辩流程跟三花和德文这两年来围观过的一模一样。先是博士生陈述环节，每人半小时，然后是即问即答型提问环节。围观过德文同学字面意义上"被问得冒汗"之后，三花同学上场了。三花同学的答辩 PPT 一如既往是极简风，没有恨不得把毕业论文十万字全都堆在十页 PPT 里，而是把"选题意义""整体思路""核心观点""创新之处"分别用要点和流程图标示了出来，整个 PPT 共 12 张，目测总字数不超过 1000 字。（后来被加菲问及 PPT 设计技巧时，三花表示，PPT 就是个提示作用而已，把资料放得密密麻麻，搞不好还没开口就被老师们提示，不要念 PPT！简单一点大家看了都清爽，不好吗？）陈述过后的提问环节，其实并没有"围观别人论文答辩"那样吓人。毕竟，套用有余教授在答辩前的说法，来参加答辩的老师们其实也并没有期待博士生们无所不知，有的问题更是学术界本身就有争议的，只要言之成理即可。甚至，三花同学都没用得上她导儿的第二项嘱托：不论如何，千万别在答辩现场吵架！哪怕觉得来答辩的老师们说得都不对，也一定要以"求同存异、相互尊重"的态度完成整场答辩！三花同学的答辩现场还是相当平和的。虽然不能说"其乐融融"，但至少没被二次追问，甚至有的问题当三花回答到一半，就被提问的那位老师笑着打断："可以了，我明白你的意思了，可以回答下面的问题了！"三花对此完全具有心理准备，因为此种情形在此前的答辩当中也遇到过。被打断并不是什么坏事，只要不是被提问的老师一脸不耐烦地打断并表示出"我看你还怎么编"的态度，就可以若无其事地往下回答啦。

　　无惊也无险的答辩过后，三花同学迎来了最后一个环节：由答辩委员会主席宣布答辩结果。在呕心沥血撰写大论文时，三花同学曾无数次幻想过论文答辩通过那天的场景。但是，当她亲耳听到"通过论文答辩，同意授予其博士学位"时，三花发现，自己的心情并没有想象中激动，反而有一种"列车终于开到了终点，可以准备下车了"的平静感：哦，我居然毕业了！

第 22 话
三花同学的讲座：如何写出合格的毕业论文？

答辩过后，三花同学收到了棕熊老师的召唤。棕熊老师海外留学归来，因而也把国外大学喜欢搞午餐会的传统带了回来，从院里申请到了一笔盒饭经费。

棕熊老师　三花，你要不要面向博士生开一个讲座啊？

三花　老师，讲啥？讲我的博士学位论文吗？

棕熊老师　不，讲讲怎么写博士学位论文。

三花　好的，没问题！

于是，某个周六的中午，三花同学就站上了讲台，当然是吃过午饭的。因为，下面的听众人手一份盒饭，只有她没有！

三花　亲爱的师弟师妹们，很高兴毕业前夕在棕熊老师的午餐会见到大家！先庆贺一下，我终于博士毕业了！当然，顺利毕业的也不仅仅是我，还有我们这届的 17 位同学们。我自己读博的时候，就曾经听说过博士毕业不容易，博士学位论文写作更难，往往会失眠、抑郁乃至于掉发。今天，在毕业前夕，我想说的是，之前听说的——都是真的！尽管不是不能克服。那么，咱们今天就来聊聊博士学位论文写作的全过程，我按阶段讲，讲一段儿停一下请大家提问，好不好？

听众　好！

三花　那么咱们开始？首先我想说的是，博士学位论文写作，一定要抱你导师大腿！全程都是！至于大腿究竟怎么抱，咱们从选题开始说。我导师对于博士学位论文选题的关注是非常早的，通常会在博士一年级结束时就问大家想要写什么。这一步的目的在于趁早把关，如果发现哪位同学的选题实在不能写就趁早叫停，这总比开题的时候才发现自己的题目被在场所有老师一致否定要好。当然，我知道各位导师抓论文的时间有点不太一样，但我个人感觉在博一结束时思考自己要研究什么还是很有必要的。在此，强烈建议大家要主动"抱大腿"。有的老师会主动督促学生，这自不必说，但如果遇到比较佛系的导师，强烈建议大家去主动 push 你导师，比如早早就去跟导师他老人家提，"老师，我要开题了！您该给我看开题报告啦"！"老师，我写了篇小论文，您一定要帮我改成 C 刊论文哈"！大家不用紧张，"没事儿去催催自己导师"这种行为现在很流行的，在网上被叫作"向上管理"。我曾经听到一个段子，有那么一个研究生，因为自己想读博，就硬生生把自己硕士导师催成了博导！

那么下一个和选题相关的问题就是：我们要选一个什么样的题目？我认为，一个好的题目，需要包含这几项因素：

其一，资料多。也就是说，这个题目至少得有能支撑起十万字论文的资料作为支持。换句话讲，就是对这个题目至少得有一定的研究基础。否则，靠咱们博士生自己去"开荒"，那简直是得开到天荒地老。当然，此处有一个问题：如何判断"资料多"？答案是，你可以先划定选题，然后把看到的、能想到的资料都往里填填试试。我比较推荐"默写法"，也就是拿一张 A4 纸出来，在上面写一写你能想到的关于这个题目的所有原始资料。如果你用正常手写字体写完了一页还意犹未尽，那么这个题目应该是可以写的。但如果一页纸还没用完就开始抓耳挠腮，那么，很有可能这个题目其实写不了十万字。

其二，题目相对比较新。这个"相对比较新"的意思是，至少不能太旧。比如，你在知网发现已经有七八篇博士学位论文是同一主题，这种题目显然是不能写的。当然，有一种例外，这个题目有了最新进展，这算是资料创新。但"比较新"的意思是，也不能"新"到没人研究，这样就和刚才说的第一点矛盾啦。因此，最好的状态，是对于这个题目存在点状研究但不存在片状研究。

所谓"点状研究"是指研究虽然有但通常都是比较零散的，或者说对于个别问题的研究比较多，但是，学者研究尚未汇总成"片"，即这个问题还没形成整体性的共识。

其三，题目是你能驾驭的。这个要求就比较个性化了，即题目对"你"而言不会太难。当然，在现实当中完全可能发生"某个题目张三能写但李四不能写"的情形。所以，我通常不建议博士生们去和导师要题目来写。你导儿给你的题目，在他看来可能简单，但在你看来，完全可能是非常难的。

更具体的内容，我也不知道大家关心什么，要不请大家提点儿问题？

听众　师姐，满足以上三个要求的题目就一定能写吗？

三花　不一定。影响题目"可写性"的因素很多。比如说，这个题目学术前景怎么样，会不会一两年后就过时？这个题目创新性怎么样，会不会写出来全都是陈词滥调？这些问题怎么判断，往往是咱们博士生无能为力的。所以，我才在讲座开头强烈建议大家，抱导师大腿！选题确定后尽快去问你导师这个题目能不能写！我记得，我们这届就有个同学，当初选题时挑了两个题目，然后问导师第一个怎么样，导师回复他，不能写，这个题目实际上已经被立法解决了，而且过一两年就会得到根本性解决。这位同学原本也没怎么研究所以也不大沮丧，直接问他导师第二个题目能不能写，他导师很确定地回复：能写！

所以，再强调一次，抱导师大腿，哪怕你再害怕导师，选题阶段该问还得问！

听众　师姐，那么会不会发生连导师也看不准题目能不能写的情形？

三花　会！你导师是法学家不是法师，他不会算命，也不可能预料到现实发生的所有问题。我们国际法专业最典型的例子就是美国退出《跨太平洋伙伴关系协定》(TPP)。当然，其他专业也很可能遇到类似的问题，例如，23 年前的"9·11"事件就是任何人都无法预测的。所以，这种"不确定的风险"其实是任何人都无法规避的。大家如果遇到这种问题，还请不要抱怨你的导师无法预测未来！实际上，我自己的博士学位论文也遇到了一点小问题。某案例是今年 2 月突然公布的，但今年 3 月中旬咱们就得交毕业论文。如果论文中不纳入这个最新案例，在盲审环节肯定会被挑毛病，甚至会有极端一点的专家把论文直接挂掉。所以，我还没过完正月十五就跑回学校迅速地往论文里加了一万多字。这也算是受到不可抗力的影响了吧？

听众　师姐，我的博士学位论文选题必须是一个理论性很强的题目吗？

三花　请问你是什么专业？

听众　法理学。

三花　这个问题请咨询你导师，但我认为，你们专业是唯一一个理论性必须强的专业，其他专业并不硬性要求论文的理论性。当然，论文不能写成案例汇编，那是另一个问题了。

那么，如果大家对于选题没有其他问题，咱们接着讲？选题阶段过后，就是"深入研究"阶段。事实上，我在此需要纠正一个观念，有的同学会认为，选完题就需要列提纲。这对于一万字的小论文而言或许成立，但对于十万字以上的大论文而言是不成立的。因为，我曾经见过一种神奇的列提纲方式——逻辑推理法。举个例子，"某某问题的中国对策"，在某次开题时，曾经有同学直接把对策部分写成"立法、行政、司法"。然后，开题现场就有老师询问："你真的打算重塑中国法律体系？"这位同学回答："其实我对此没有研究过，但我认为对策就应该包含这三个方面。"这个例子就是典型的"逻辑推理法列提纲"。后来，这位同学被老师们提示，就中国现状再深入研究一下。

我觉得，这个反例可以证明一件事儿，论文写作要建立在研究的基础上，不能仅凭"我认为它应该是这样"就去写。而咱们的博士学位论文，哪怕题目选定了，也必然不可能在此时就对这个题目的方方面面都有所了解。套用我导师的一句话，题目选定了，只意味着你发现了森林里可能有狐狸，但究竟有几只，都在哪，是用鸟枪打还是挖陷阱抓，都不确定。更何况，刚才也说过，题目选定很可能还不是咱们自己的功劳，而是导师高瞻远瞩。所以，在题目定下来之后，还要把这个题目的方方面面都要了解一番，全部了解清楚之后才能列提纲。

听众　师姐，那么你怎么知道这个问题的"方方面面"包括什么呢？

三花　有两个路径。第一个路径，是知网检索。在你选定题目过后，就可以把关键词敲进知网去搜索了。当然，这个"关键词"完全可以多样化一点儿。举个例子，我论文写的是"贸易救济"，但泛泛地去搜这个词，出现的论文并不多。我还应该去搜"倾销""补贴""保障措施"，因为这三个词是贸易救济的下位概念。打个比方，我在百度上搜索"怎么炒菜"是找不到想要的菜谱的，但我如果搜索"怎么炒鱼香肉丝"就能获得更确切的信息。——说明一下，此处的"知网"是虚指，你完全可以使用维普数据库，也完全可以使用 HeinOnline 等外文数据库！

第二个路径，是时事检索。也就是说，如果你不是法制史等需要回溯数百年的专业，而且你的论文重心在于近十年甚至更近的事件，那么，你完全可以拿一张纸，把这个领域发生过的所有大事全都记下来，并且分析其中共有哪些问题值得研究。

当然，上述两个路径很可能存在交叠。毕竟，论文本身也是具有时效性的，知网当中的论文不可能不包含对时事的评价。

听众　师姐，我把这个主题下的方方面面都列出来，就形成提纲了吗？

三花　不是！这是"对于某某的若干问题研究"。列出各种主题，只是完成了第一步：我可能会研究哪些问题。但写论文是需要一个中心思想的，即我要研究这个中心思想项下的一个问题。举个例子，我们可以在菜地里摘一堆西红柿、豆角、黄瓜、韭菜……但做菜的时候必然不能把这些都扔进锅里。不然，吃到的肯定是……

听众　东北乱炖？

三花　我想说的是"猪食"（笑）。咱们写博士学位论文，最开始的确需要对某个问题的方方面面都有所了解，否则接下来的进一步研究肯定会漏掉东西。但在"方方面面有所了解"之后，我们应该做的，是挑选其中部分内容梳理出主线。我强调一句哈，这个主线并不是能够把方方面面都涵盖进去的线索！这个要求不仅不现实，还可以说是强人所难。如果对此没啥思路，我导儿也提供过一个简单的方案：把某个领域所有问题列举出来后，闭着眼睛回忆，这个问题给我印象最深的是什么，这个"印象最深"之处就是串起全文的线索。

找到线索之后，我们就可以列提纲了。不过，列提纲的方式和论文构思的方式完全不一样。构思的时候，是从概念出发，然后研究这个概念的方方面面，最后找到主题；但列提纲的时候，是第一部分首先阐明主题是什么，再从各个方面论述这个主题是成立的。也就是说，读者看上去应该是你首先发现了这个主题，然后再去论证它。

听众　所以，我看别人的博士学位论文，都会感觉对方是天才，因为我发现不了别人在这个过程中很可能排除了很多无效资料？

三花　对！你看别人的论文，就像看有的人走迷宫一遍通过，但在你没看见的地方，这个人很可能碰了好多次壁。

顺便讲个笑话哈，我自己开题的时候，有老师问我："你为什么这么肯定，这个问题只有这四个表现形式？"我的回答是："因为我把这个问题的方方面面都研究过了，确实只发现了这四个表现形式。"我那天其实特别想问："老师，您觉得还有第五个表现形式吗？如果有的话请告诉我哈！"

咱们接着讲？通常来说，能够列出完整的提纲，就可以开题了。如果列不出提纲，那么最好不要忙着开题。原因是，咱们院给出的开题报告模板是包含"大纲"一项的。也就是说，如果一名博士生无法完整列出提纲，那么，他很可能没法通过开题。

当然，此时的提纲并不需要特别完整，比如只写到"章节"等二级标题就可以了，而不需要写到"一、二、三"这样的三级标题。毕竟，在开题阶段，咱们对于很多问题都只有一个笼统的印象。对此，大家有问题要问我吗？

听众　师姐，我能不能问个定量的问题：我对一个题目研究到百分之多少才能开题？

三花　我导师对我说的是 30%，但我认为这个数字是偏保守的。因为，我们开题过后都会遇到一个问题：论文的某个部分虽然设计得很完美，但在具体写作过程中，会突然发现这个问题比想象的复杂！

我觉得，"能开题"这事儿不是能用数据量化的，而是，当你能够提炼出一个主题，且能够对支撑这个主题的分论点进行设计，你就能开题了。

通常来讲，咱们院对开题时间的规划是在博士生第四学期后半段，但也有少数博士生选择在第三学期的期末开题。所以，正如我刚才提到的，在博士一年级末确定要研究的问题是非常重要的。因为，在确定了要研究的问题后，咱们还需要花半年到一年的时间去把这个问题具象化。

开题这个环节过后，就是具体的论文写作环节了。这个环节相对而言没什么好讲的，只要写就行了。不过，说明一点哈，论文写作顺序不一定是提纲上的顺序，换言之，没有必要非得写完第三章再写第四章。完全可以是"你觉得哪章顺手先写哪章"，也就是先易后难。原因很简单，如果某一章内容让你觉得很容易，那很可能是因为那一章的内容是你比较熟悉的或者研究较为充分的。这时候，你先把这一章写出来，就比较容易解放大脑的"内存"，或者说，可以在忘掉这部分内容之前先用文字把它"固化"。否则，一味想着"啃硬骨头"，把最难写的一章写完，很有可能会导致好写的内容也忘啦。

听众 师姐，这事儿绝对吗？有没有什么章节必须按顺序写？

三花 有。第一章必须最后写。但我估计这事儿大家都清楚？所谓第一章其实是引言或者导论，主要进行概念定义、国内外研究现状综述，等等。尤其是文献综述部分，如果没写完全文是绝对写不出来的！此外，摘要也要最后写，而且要定稿后再写。

除此之外，如果论文里有"对策"部分，这部分也最好在"分析问题"后面写，这样才能保证逻辑顺畅。

接下来，我再跟大家唠叨点儿写博士学位论文需要注意的小事：

第一件小事，是论文写完后需要多次校对。论文校对这事儿简直是无解的难题，我曾经听到一位老师抱怨，她的书稿校对三遍后还会发现错别字！然后，我问她："那么请问您的书稿出版前一共校对了多少遍啊？"她告诉我说：十遍！所以，请大家务必留出来博士学位论文校对的时间。通常来讲，从定稿到稿子"能交上去了"，中间留出来一个月的时间比较稳妥。这一个月的时间一方面可以用来校对稿子，另一方面也可以用来给论文排版。我知道排版这活儿完全可以交给打印店完成，但是，如果你的专业比较特殊，一些特别的引证格式只有你懂，那么，打印店可能无能为力。一个典型的例子，是英文文献的排版，打印店通常就无法完成。毕竟，你不能要求打印店老板认识英文，对吧？如果有的同学同时使用了日文、法文等文献，那么排版就更是只能自己完成了。

顺便说一句，校对和排版过程，同时也是一个资料更新的过程。这一点，没有旷日持久地处理过大文件的同学们可能没有切身体会。我举个例子哈，你的博士学位论文第一章很可能是今年一月写的，而最后一章则是今年九月写完的。在这种情况下，如果写完最后一章后再回头审视第一章，你就完全可能"惊喜"地发现：哈，第一章当中提到的某个法律草案目前已经通过了！或者，某个"试行办法"已经被正式版取代了！或者，你的第一章写作时某条约仅有 14 个成员国，但在论文定稿时，那个条约已经有 16 个成员国了！在这种情况下，你就完全有必要去更新论文，否则就会发生"第一章引用了草案，但最后一章引用的是法律正式文本"的情形。这样的论文，在盲审时就很容易被抓住小辫子。而这个问题，甚至不像排版那样可以交给打印店老板去完成，也没法交给你的同学替你完成。毕竟，只有作者才最熟悉自己的稿子！"更新资料"这个问题，不仅仅是时效性比较强的论文才会遇到。举一个最为极端的例子，哪怕是法制史专业的同学，也完全可能在论文定稿后才发现，第一章的某个问题，已经发表了最新而且更权威的论文加以论述。在这种情况下，哪怕这篇权威论文与你的博士学位论文观点完全一致，也建议顺手更新一下脚注。否则，假设你的论文盲审专家恰恰是这篇权威论文的作者，而这位作者恰好发现，你没有引用他最新发表的论文……

第二件小事，是请大家务必保存好论文引证资料。我非常提倡"一边写论文一边加脚注"这种写作方式，尽管写论文时完全可以不那么注意脚注格式是否正确。这是因为，我曾经见过有的同学写论文时不大注意，后期查询某部分资料来源于何处时非常费力。举个例子，我曾经在预答辩现场看到过，某位同学被老师问道："你的论文当中曾经提到一串统计数据，这个数据显然不可能是你'创造'出来的，但我也没有看到你的引证。那么，这个数据的出处是什么？"这位同学当时一脸茫然，并表示："我肯定是在哪看到的，但问题是，究竟是在哪呢？在哪在哪在哪啊？"

最后一件小事儿，是论文当中缩写、专有名词的统一。举个例子，我国《网络安全法》，在某些论文里被简称为《网安法》。这本身或许没问题，但是，假设一篇博士学位论文当中既有《网络安全法》，又有《网安法》，读起来就十分别扭。另一个例子，是《美墨加协定》的英文名是**USMCA**。两种写法我都在论文当中见过，但是，如果同一篇博士学位论文当中交错使用中文和英文名称，这篇论文读起来也很割裂，而且会让读者认为可能作者自己都没有通读一遍。所以，请大家在全文定稿后务必通读论文，进而保持上下文完全统一。

那么我就讲这些，大家有问题可以继续提。

听众　师姐，请问一篇博士学位论文需要写多久啊？

三花　这事儿还真有大数据支持！我在交论文后，对我们这届同学的论文写作时间做了一个统计。如果从"开始研究选题"或"开始围绕博士学位论文选题阅读文献"开始计算，一年到一年半之间都比较正常。当然，也有少数同学表示"从一入学就开始琢磨这个题目"。但如果从"真正动笔开始写这个超大型文档”开始计算，通常是半年到一年。最极端的一位同学表示"三个月"，但我进一步询问后发现，这位同学的"三个月"，是指把所有论文资料都搜集齐全后，每天都在进行"写"这个动作的"三个月"，而且所谓"三个月"是写完初稿而非定稿，即不包括排版校对、按照导师意见修改的时间。

听众　师姐，你觉得你说的最后一种方式可不可行？就是说把资料一口气搜集完，然后用三个月时间集中去写？

三花　我当然不能说不可行，因为那位同学真的通过盲审了。不仅如此，我还知道有位老师也是这样的！但是，这个方法对我而言完全不可行。因为，我感觉自己天赋一般，脑容量非常有限，也就是说，我的脑子里只能装得下一点点资料。如果不是"规划好一章写一章"，我就会"看了资料B、C、D但忘了资料 A"。所以，具体写作方法需要视个人天赋而定！对了，顺便说一句，上面那个"用三个月时间集中写论文"的同学，他的论文是有特殊性的。那位同学做的是高度理论化的研究，研究结构是线性的，不像我的博士学位论文那样有"有四个平行章"。所以，他是"不得不"或者说"必须"在全部研究完后一口气写完。

听众　师姐，写博士学位论文时的作息时间怎么安排啊？要不要给自己设定一个小目标，比如"每天写 1000 字"？

三花　这位师弟，我想问一个问题，在资料准备齐全的情况

下，你平均每天能写多少字？"写草稿"就可以，不要求
写出来的文字特别工整，拿去就能发表。

听众　2000 字吧？

三花　如果是这样，那么，你可以这样给自己设一个小目
标，但你同时也需要容忍一些例外情况的发生。博士学
位论文写作是不可能稳定地"每天输出一千字"的，原
因有几个。其一，你完全可能会"一边写一边删"，或者
说"写了后面删了前面"。当然，这也不是博士学位论文
写作的特例，任何论文写作都可能发生这个问题。其
二，你可能某天写了 2000 字，但第二天发现后续逻辑需
要完善一下，于是接下来三天都在阅读资料。其三，博
士学位论文写作，不是一个"完全不受打扰"的过程。
你的导师可能叫你去听课、去开会、去接待，甚至，你
自己也可能在某天卧病在床。博士学位论文写作已经很
辛苦了，所以千万不要再给自己增添压力！

听众　师姐，写博士学位论文期间要不要吃点啥好的补补脑啊？

三花　哈，我觉得这位师妹应该是想到自己高三的时候了吧？
其实不仅是博士学位论文写作期间，我建议读博期间都
要吃点好的补补脑。当然，具体到"吃什么"可以很个
性化，比如我有位同学就非常喜欢吃食堂的清蒸鱼，说
那个补脑，但我试过一次就放弃了，那个鱼不仅刺多而
且很腥，我怕直接把自己吃进医院。我自己的做法是买

大量的核桃、花生、红枣等干果，一边写论文一边吃。我认为，能补脑的主要是优质蛋白质，而不是薯片、果汁、可乐、奶茶啥的，所以总体上还是健康饮食吧！当然，身体比较虚弱、容易低血糖的同学请准备好糖果、巧克力备用，那是另外一回事儿了！所以，请大家保重身体，也预祝大家毕业顺利！

第 23 话

有余教授最后一课：我教你申项目吧！

　　毕业前半个月，有余教授再次召见了三花同学。

有余教授　三花，听说你工作敲定了？

三花　嗯呢！老师，我一共面试了五所大学，然后拿到了三个 offer，被一所大学拒了。此外，还有个大学给的是博士后 offer，我思考了一下没去。

有余教授　详细讲讲？

三花　好的，老师！我先讲没录用我的那所大学。其实我是有心理准备的，因为那所大学起初就和我们说了用人计划可能会调整，最终没有录取我并不是我的原因。不过我仍然去应聘的原因是，那所学校的面试时间比较早，是在寒假开始前，我觉得可以去练习一下。还有一所大学是德文同学建议我去的，他投了简历也建议我投一份。我起初不是很想去，因为如果和他直接形成竞争的话是不是不太好？但德文很大方地表示没关系。

有余教授　于是你拿到 offer 了是吧？

三花　算是吧！那所大学的 offer 是在很久很久以后才发的，发 offer 时我已经签三方协议了。这个学校的面试很有特色，是笔试和英文试讲。笔试题目是几道专业题目，可以选做；英文试讲是 15 分钟，然后评委老师随机提问。我觉得他们更看重英文水平而不是专业水平。

有余教授　有没有一种可能，是专业水平已经从你提交的小论文当中考察过了？

三花　也有可能。

有余教授　另外两个 offer 呢？

三花　其中一所大学更注重教学，所以对于试讲的要求非常严格，还准备了专业的摄像设备全程录像。不过这倒没啥，我自己的试讲片段早就练习好多遍啦，德文还听我讲过！我最终选择的那所大学就是您推荐的那所，试讲是一半中文一半英文，后续还有个超级长的英文问答环节，是用英语聊各种专业问题，不过我们聊得很嗨就是了。

有余教授　你不紧张是吧？

三花　紧张啥？我当时的信念是，能听懂用英文讨论专业问题的老师毕竟不多，我说错了也没人知道！

有余教授　好，我非常欣赏你这种无知者无畏的精神。那么，你什么时候报到啊？

三花　得下学期开学了吧。

有余教授　从现在到毕业典礼，你还有大概半个月的时间，有什么规划吗？

三花　没。您和师弟师妹如果需要我，随时喊我就行。我可以打个杂，比如替您把期末考试的试卷评完。

有余教授　那么咱们用最后半个月的时间做一件事：我教你写国家社会科学基金项目申报书？

三花　老师，这么高大上的东西……我配吗？

有余教授　没问题。你七月毕业，来年一月就得开始申请这个了，所以我现在教你正好。

三花　好的，老师，我努力学习！

有余教授　你知不知道我为什么现在教你写基金项目申报书？

三花　不知道，我就知道这东西可难中了。

有余教授　这样吧，你先回去下载一个申报书模板研究一下，然后咱们再探讨申报书的具体写法。

（一周后）

三花　老师，我知道为什么现在学习填写申报书了！这和博士学位论文开题报告好像啊！都是要找出一个选题，论证它存在的意义，以及展示我将要论证的结构。

有余教授　对！所以，我通常会在博士生通过论文答辩后，让他们以博士学位论文为素材模拟一个社会科学基金项目申报书的写作。这个过程实际上训练的是写作思路和技巧，而不是真正的科研规划能力。毕竟，申报时，这个项目实际上还处于"预计"或者说"开题"状态，更多是在资料不充分的情况下对未来研究的预测。但对博士生而言，用自己的博士学位论文模拟国家社会科学基金项目申报，这考察的其实是在资料充分的情况下对课题的论证。

三花　老师，我有一个想法。我能不能拿自己的博士学位论文去申请国家社会科学基金项目？

有余教授　不是不行，但有限制条件。你有没有注意到，申请书模板上对此有什么规定？

三花　注意到了，"研究基础"部分专门有一条需要写："凡以各级各类项目或博士学位论文（博士后出站报告）为基础申报的课题，须阐明已承担项目或学位论文（报告）与本课题的联系和区别。"所以，我是可以在博士学位论文基础上进一步研究，然后以进一步研究结果为基础申请项目，对吧？

有余教授　对。你还可以把博士学位论文进一步加工，然后去申请国家社会科学基金后期项目。更确切地讲，那个项目全称是"国家社会科学基金后期资助暨优秀博士学位论文出版项目"。只不过，那个项目的限制条件很多，比如就有这么一条：优秀博士学位论文出版项目的申请人年龄应在 35 岁以下，论文须以中文写作且被毕业院校评定为"优秀"等级。

三花　老师，这就算了，我不符合条件。

有余教授　没事没事，这个项目本身也不是很容易申请。那么，咱们来研究下国家社会科学基金项目申请书的写法？在"课题设计论证"部分，共有六项内容，分别是选题依据、研究内容、创新之处、预期成果、研究基础、参考文献。其中，选题依据部分的内容是：国内外相关研究的学术史梳理及研究动态（略写）；本课题相对于已有研究的独到学术价值和应用价值等，特别是相对于国家社会科学基金已立同类项目的新进展。

三花，你觉得这个和博士学位论文有啥关系？

三花　哈，我发现了！学术史梳理及研究动态部分，博士学位论文第一部分也有啊！

有余教授　对。那你还记得这部分的功能是什么吗？

三花　记得。简单地说，就是"这个问题别人有研究过，所以我要在巨人肩膀上更进一步"。或者，反过来讲，"我要更进一步的内容是别人没研究过的，所以我的研究是有价值的"。

有余教授　非常好！但是，你刚刚说的内容需要写出来吗？

三花　我觉得不需要，至少现在不需要。因为上面的指南已经说得很清楚啦，这个学术史梳理是"略写"的，所以我不能写得太复杂。"人无我有"应该在"本课题的独到学术价值"部分体现。

有余教授　正确！那么，"学术史梳理"部分，你认为应该怎么写？

三花　您是问我逻辑结构吗？我觉得，这部分应该按照年代写？毕竟此处的关键词是"学术史"。

有余教授　也不尽然。我倒是见过按照"年代"去写的，但这通常是由于要研究的问题存在明显的时间分层。最典型的例子是国际投资法，二十世纪六七十年代和八九十年代的发展状况显然是不一样的。但是，如果你要研究的问题并没有这样明显的时间分层，按照"年代"去写就不大妥当。当然，需要说明的是，此处要你写的是"学术史"，不是"法律问题发展史"。

三花　老师，我来澄清一下二者的区别好吗？"学术史"是"学者研究的问题包括什么"，而"法律问题发展史"是指问题本身是怎么发展的。二者应该有点儿联系对吧？

有余教授　对。举个例子，"法律问题发展史"是"从关税及贸易总协定（GATT）到世界贸易组织（WTO）"，而"学术史"则是从"研究单纯的货物贸易"到"贸易领域的多方面研究"。

三花　懂啦。那么，对于"学术史"，我应该按照问题去写，对吗？比如，国内学者对此的研究共分为如下流派……

有余教授　可以，"分为如下方面"也可以。我再问你个问题，你觉得研究现状是不是必须分为国内和国外？

三花　不必须吧？虽然题干说了是"国内外"，但应该不是必须分成"国内"和"国外"两部分去写。

有余教授　对！我的确见过不区分"国内"和"国外"的。但在咱们国际法专业，对此进行区分的反而更多。你猜猜为啥？

三花　我知道了！国家利益和立场差别！比如，对于中美经贸摩擦问题，中国学者和美国学者的立场肯定不一样！

有余教授　对。其实也不仅仅是咱们国际法专业，法学很多分支都有这个问题，其他社会科学也是如此。国际研究必然不可能专门关注中国问题。所以，在进行研究现状综述时，就需要强调一下国内研究的特异性。

三花　好的，懂啦。

有余教授　那么，"独到学术价值和应用价值"部分呢？你想怎么写？

三花　我觉得，应该也是跟博士学位论文第一部分的写法类似吧？先表明，这个问题的基础研究已经很充分了，然后表明，我的创新在于视角创新或者资料创新，总之具有其他学者此前研究没有包含之处。

有余教授　对，大致思路的确是这样的。当然，具体去写的时候请务必谦虚一点儿，不要以一种"别人都不行，只有我行"的态度去写。

三花　好的，明白了！那么，老师，"相对于国家社会科学基金已立同类项目的新进展"怎么写啊？

有余教授　先问一个问题，你知不知道去哪儿查找同类项目？

三花　知道！国家社会科学基金项目数据库！

有余教授　所以，你需要先查询其他同类项目都包括什么，这个过程当中需要特别注意一下项目立项的年限。然后，还可以把项目名称输入知网，查询一下项目项下的论文。"中国知网"当中可以通过"基金"检索论文，这事儿你清楚吧？

三花　清楚！

有余教授　好的，然后，你打算怎么写你的新进展呢？

三花　我研究的，他们都没研究过？

有余教授　……你要是敢在申报书上写"填补学术空白"，就有评审专家敢挂了你。

三花　老师，真的？

有余教授　真的。你这样写只能意味着你对自己研究的意义并不是十分了解。正常的写法是，在某某方面推进了学术研究，写得越"实在"越好。

三花　好的！

有余教授　刚才忘了告诉你了，在"选题依据"前面其实还应该有一小段对题目进行整体介绍。这一小段基本上是有套路的，第一句话，是"本课题名为……"第二句，是对课题内容的进一步阐释。举个例子，假设我的课题名为"民法中诚实信用原则适用的实证研究"，那么，第二句就要写成"诚实信用原则是民法中的基本原则，不仅能够在民法规则模糊时起到法律解释的功能，还能够辅助法官在案件裁判中判断是非"。第三句或者至多第四句就要引入"本课题的必要性"了：本课题对于诚实信用原则的实证研究，将有效服务于法治中国的建构，为《民法典》适用的进一步完善打下基础。——这一段的具体内容是我随手编的，不要太在意，但具体思路基本就是这样。

三花　懂了！这是"破题"，对吧？

有余教授　对。咱们接着说，"选题依据"后面是"研究内容"。即，"本课题的研究对象、框架思路、重点难点、主要目标、研究计划及其可行性等"。如果你手头没有现成的研究成果，规划这样一个"研究内容"可能比较费力。但，当你已经写了一篇博士学位论文，对研究内容的规划应该容易了吧？

三花　是啊。"研究对象"就是对题目本身的阐释，对吧？

有余教授　对。但不能单纯地写"我要研究民法上的诚实信用原则"，这样写几乎等于浪费字数。此处应当稍微详细些，用一小段、大概四五行进行进一步的阐释。比如，本课题将从 A、B、C、D 四方面分别分析诚实信用原则对民法法律解释的影响。

三花　好的！懂了！

有余教授　下一个需要写的内容，是"框架思路"。

三花　老师，是要我把博士学位论文目录复制粘贴过来吗？

有余教授　不完全是。在最新版的国家社会科学基金申报表当中，的确有"框架思路要列出研究提纲或目录"这样一个表述。但是，我们院学术委员会开基金申报指导会时，强烈建议不要直接复制粘贴一个完整的目录。此处的"提纲或目录"其实要的是高度凝练版。你的博士学位论文里可以有"概念""缘起"或者"典型案例分析"这种标题，但在国家社会科学基金项目申报表的目录当中，请务必只保留最核心的内容。否则，会超字数！申报书是有字数限制的！

三花　好的，明白啦。

有余教授　如果你选择用几段文字描述"框架思路"，那么，也尽量不要用"本课题研究拟分为七章，第一章……第二章……"这种写法，更好的写法是"拟分为三部分，其中……"

三花　懂了！

有余教授　第二部分第三个内容，是"重点难点"。你对此有思路吗？

三花　有啊。这个好写！"重点"是我要努力去研究的内容，我觉得写两到三个就可以；"难点"是预测一下这个项目比较不好做的地方。但是，老师，我有两个问题：其一，"难点"和"重点"会不会重合啊？我觉得很大概率是会重合的，因为一个东西"重要"的话，八成也会"不好研究"。其二，"难点"我写几个？如果写的"到处都是难点"是不是不大好啊？

有余教授　先说第一个问题，你的"重点"应该是研究最为核心的地方，这没错。但"最核心"的地方完全可能"不难"。通常来讲，在"难点"部分建议写"比较有理论深度"的内容，比如，"本项目重点在于对实践的分析和整理，难点在于以某某理论为纲领对此进行提炼"。这样就不重复了，对吧？或者，在"难点"部分也可以写"本项目难点在于对现实问题的跟踪研究"。毕竟，未来如何发展是难以预测的。然后，咱们再讲第二个问题。

"难点"通常写一个就行啦，这个不要写太多！

三花 好，我记住了。貌似以前写毕业论文时，我们就没写过"重点难点"？

有余教授 对，博士生开题时并不硬性要求预见自己论文的"重点难点"。而国家社会科学基金项目要求预见重点难点，则是因为一个国家社会科学基金项目往往需要三年到六年完成，对重点难点进行预估也是情理之中的。

接下来，第二部分第四个内容是什么来着？

三花 "主要目标"！也就是说，我通过课题研究，想要达成什么样的目的。这一项，对咱们国际法专业而言应该还算好写吧？"通过对某某问题的研究，分析某某问题的实质，为我国企业参与国际竞争和我国政府参与国际规则博弈提供借鉴"，是这样不？

有余教授 差不多。你怎么学到的？我没教过你这个啊。

三花 哈，您教过我写论文啊。写论文时，开头最后一句通常就是我的研究可以达成什么目的！

其实我在博士学位论文里也写过这么几句！只不过可能隐蔽了点儿，您没注意到。嘿嘿。

老师，那么我能不能多问一句，如果是国内部门法专业呢？总不能也写"对我国企业和我国政府在国际竞争中的重要意义"吧？

有余教授　那倒不能，但可以写"对我国国内法治建设的重要意义"。

三花　对哦！

有余教授　第二部分最后一个内容，是研究计划。这个咱们不用讲了，博士学位论文开题报告里有。不过说明一件事，最后一项内容全称是"研究计划及其可行性"，此处措辞虽然是"及其可行性"，但实际上并不是让你去论述"为什么这个研究计划可行"，而是让你论述"为什么有把握研究这个项目"。所以，你需要写的是"我能获取资料、我人员配备充足"等而不是"三年时间足够我研究了"！

那么，接下来咱们分析国家社会科学基金项目论证的第三部分内容？"创新之处"？

三花　好的，申报活页的要求是这样的：在学术思想、学术观点、研究方法等方面的特色和创新。我理解，"学术思想创新"是稍微抽象一点的内容，"学术观点创新"是稍微具体一点的内容？

有余教授　差不多。"学术思想创新"写你论文最理论化的那部分"思想"，比如，"我将某某问题浓缩为某某'不可能三角'"。而"学术观点创新"则是分论点或者具体到每一章当中的核心观点。

三花　老师，"研究方法创新"呢？您不是总教导我们社会科学中不存在全新的研究方法吗？

有余教授　对，但此处其实要写的不是严格意义上的"创新"，而是"特色和创新"，也就是说，你完全可以写"特色性研究方法"，即你用什么研究方法处理本课题当中的论题。写这一部分时需要注意，最好捎带写出来这个研究方法可能对你项目所起到的促进之处。我举个例子，单纯写"本课题使用案例研究法"是没有价值的，因为，和你一同申报项目的99%的法学专业学者都会用案例研究法，余下1%是纯理论研究者。但如果你写"本课题使用案例研究法，对近年来某某领域大量涌现的案例进行实证研究"呢？

三花　如果此前没有这方面的实证研究，那么，我的案例研究法就是"特色性方法"啦。

有余教授　对！研究方法本身未必特别，但"针对特定问题的研究方法"完全可能是特别的。

三花　好的，懂了！

然后，申报书第四部分是"预期成果"，但这部分没啥好讲的，因为申报活页上明明白白地写了这部分"略写"。第五部分"研究基础"应该也是好写的，因为相当于填表，没啥技术含量。最后一部分"参考文献"应该更好写，是吧？

有余教授　不！这部分内容跟你博士学位论文完全不一样，所以我需要跟你强调下，千万别照搬！一方面，"参考文献"是算在申报活页总字数里的，你要是在此列出来一百来条参考文献，就太浪费字数啦。另一方面，参考文献是有默认数量的，通常在 10~20 条之间，且同时包括中外文资料，而且，中文资料务必要有代表性，基本涵盖同一领域全部顶尖学者著述，但每位学者一至两条文献即可。还有，文献请务必注意时效性。除非你研究的领域有经典文献，也就是奠基石那种，否则，一定不要贸然把 1865 年的文献写在上面。这种文献不会体现你的渊博，反而会体现你食古不化！

三花　啊，原来还有这么多学问！我记下啦。谢谢老师！我明年就试试申报！

有余教授　好，等你好消息！

Epilogue
老师，我要毕业了！

　　毕业典礼过后，三花同学要走了，一个多月后她就是"三花老师"了。之所以等到毕业典礼过后，一方面是因为人生最后一次毕业典礼非常有意义，毕竟，下次参加毕业典礼就是三花老师跟毕业生合影了；另一方面也是因为，学位证、毕业证都是毕业典礼后发放，没有这俩证是根本无法完成毕业手续的，也根本无法去新单位办理入职手续。德文同学也要走了，去大橘师兄曾经待过的研究所做博士后。大橘师兄成功出站了，如愿以偿留在了京城某高校。

　　三花同学很舍不得喵大，她觉得在喵大的六年是她人生最幸福的六年。三花抓着加菲和师弟师妹们絮叨了很多事儿。她对加菲说，下学期要写大论文了，一定要在年前拿出来一个像样的初稿，早早拿给导师修改；她对博一的师弟说，一定要抓紧时间写小论文，选题如果吃不准的话，一定先找导师把关，不要冒冒失失地自己瞎写；她对还没正式入学的师妹说，要尽快找到自己真正的兴趣点，不要啥都研究却啥都研究不深。

三花同学也很舍不得德文，她觉得德文和她相互支持着走完博士这三年的友情是终生难忘的。不过，临走前，她只絮叨了德文两件事儿："第一件事，是今后别忘了买核桃、花生、红枣吃。这些年你不知吃了我多少干果，现在我毕业了，今后没人给你供应了！咱们搞科研的都是脑力消耗大户，所以一定要补脑，千万别呕心沥血最后以身殉职啦。我这就要过上'有编'的日子了，可是你还得再奋斗两年！博士后期间的成果如何，直接决定你未来是吃香喝辣还是吃糠咽菜。第二件事，好好学电脑，Word、Excel 啥的都要精通。我毕业了，今后没人给你解决办公软件疑难问题了！咱们博士生别的可以不会，论文排版、做个简单的数据统计排序啥的还是得会的。至少计算机二级的水平还是要有，不然今后肯定吃亏！"

三花同学同样舍不得大橘师兄，但大橘师兄显然不需要她唠叨，反而跑来唠叨了她几句："今后你就是三花老师了，去买几件庄重点儿的衣服穿，比如蛋糕裙就不要再穿了，两根麻花辫也不要再扎了。虽然不至于天天西装套裙，但至少要看上去就有个职场打工人的样子，如果实在不会穿衣服就去围观下都市职场剧里是怎么穿搭的。工作以后得懂点人情世故，不要再在朋友圈发沙雕图了！要积极给别人的朋友圈点赞！"

而对于三年来给她指了无数次路的有余教授，三花同学拎

了一大堆苹果、鸭梨、石榴、葡萄等水果去跟导师辞行。有余
教授回礼了一个钱包并为三花留下了离别赠言："读书时我催你
写论文催你毕业，是因为时间不等人，怕你延毕然后心理压力
过大；但工作后，我反倒要劝你别太拼了，尤其不要为了科研
累坏身体。做学术是一辈子的事！咱们国际法专业可是有几位
九十岁以上高龄的大佬。你要向他们学习！"

三花　好的老师！我一定为祖国健康工作五十年！我走啦，老
　　　师再见！我会常回来看您的！

后　记

到此为止，三花同学就正式毕业啦。在此，三花同学感谢读者朋友们的一路围观，也祝愿大家的读博过程顺顺利利！

按照本书一贯的风格，本书的"后记"也将同样以问答的方式呈现。

Q：这本书前言的四个问题，你在现实中问过别人吗？

A：问过！那四个问题几乎是建构本书的基石。我在这本书的构思环节，就这四个问题分别采访了五名硕士生、五名在读博士生、五名博士毕业不太久且已在高校就职的青年教师，以及我认识的约二十位博导。其中，"博导"的来源并不仅仅包括法学院，还包括你能想到的各种文科类专业，包括但不限于哲学、文学、政治学、经济学……当然，秉持"应当尽可能经济实惠地薅羊毛"的原则，我对硕士生只会问第一个问题，对博士生则会问前两个问题，而对博导，我肯定会问全部四个问题。被我采访过的一众博导们，往往会眼神迷离、感慨万千地回忆起自己人生最美好的时光——读博！那心无旁骛、目标单纯、不用上课、不用带娃、充满理想主义的时光啊！

所以，读者朋友们大可放心，本书的写作并非本人闭门造车的结果。书中的相当一部分问题和答案，均来自采访中我听到的段子，在艺术加工、改头换面后写进了本书。在此鸣谢蔡亚岑、耿斯文、贾怀愉、李雪娇、周智琦等积极参与本书写作历程的小朋友们(按姓氏拼音排序)，也同时感谢知名不具(选择匿名)的大朋友们！

Q：据你观察，能够成功博士毕业的采访对象通常会有什么特质或者说共性？

A：真别说，共性还真有！共性一：我的采访对象们都非常自信。不止一位采访对象对我说，自己当年读博前根本没想那么多，而是无比坚定地认为自己一定能读博，且拥有一种迷之自信认为自己一定能顺利毕业。对于问题三——你穿越回读博之前会对自己说些什么，也不止一位采访对象告诉我："我什么都不会说！因为我知道，不论我怎么劝当年的自己，我还是会选择读博！"共性二：采访对象们通常都比较谦虚。不止一位采访对象会在回答问题三时表示："如果让我穿越到读博前，我会告诉自己，多读书，而且不要只读和论文相关的书！"(尽管，据我观察，这么回答的人往往已经是博览群书且知识面相当广的，至少，人家懂得比我多多了……)共性三：他们都觉得"写一本关于咋读博的书相当必要"。嘿嘿。不知道为啥，他们一方面觉得自己会义无反顾地去读博，但另一方面又觉得，有必要让他们身边的研究生对读博这事儿有个概念，然后谨慎选择读博！

Q：在你看来，三花同学属于博士生当中的什么水平？是平均水平吗？

A：根据我自己从读博到带博士生的经历，我只能说，我不如三花。本书中的"三花"虽然迷迷糊糊的，逢坑必踩，但至少一点就透且从善如流。而不论是我自己、我同学、师弟师妹，还是我带过的学生，都不可能"同样的错误只犯一次"，总得有个从量变到质变的过程！甚至，还有同学不仅是"屡教不改"，还会时不时地挑战下自己导儿的判断力……

Q：这本书当中所写的问题会按顺序发生吗？

A：不会。读者朋友们甚至不可能遇到书中所写的全部问题。本书编排的顺序，仅仅是按照问题最可能发生的年级进行编排，但不排除被我写在博一上学期的问题(如作息昼夜颠倒)直到某位博士生上三年级时才发生。不过，鉴于本书写作的用意在于提供"读博实践指引"而不是效仿诸葛亮塞给赵云三个锦囊，因而也不需要在特定的时间方可阅读。强烈建议读者朋友们在读博前读完整本书，进而最大限度地避开所有的坑！

Q：大橘师兄这样善良、聪明又乐于助人的学长，曾经真实地存在过吗？

A：存在过啊。我现实中的大师兄就是这样！他还请我吃了无数条清蒸草鱼！大橘这个角色，我就是以大师兄为原型创作的，尽管，书中除"大橘属狗"之外所有关于大橘师兄的段子都是我原创的。不过，需要补充的是，大橘师兄这样的学长(或学姐)的存在需要几个条件同时具备。其一，他得比你大。我的大师兄其实整整比我大了十五岁，所以指点起我来自然驾轻就熟。所以，读者朋友们如果有"抱大腿"的实际需求，请注意选择年龄比你大或至少年级比你高一两级的学长。本书将大橘学长设定为比三花同学高两级就是这个原因。事实上，本书当中的某位采访对象曾对我说过，她博一时认识了一位马上要毕业、只等着答辩拍照领毕业证的学姐，她觉得这位学姐简直无所不能！其二，你得真心尊敬学长。这个"尊敬"倒不是指见面先鞠躬，而是，真心表示感谢的同时尊重对方的劳动成果，让对方看到他的指点在你身上开花结果。谁不喜欢勤学好问又礼貌谦逊的小师弟(师妹)呢？

Q：德文这样豁达又温暖的同门，在现实中存在吗？

A：存在。德文同学在现实当中同样有原型，尽管书中关于德文的段子也都是我原创的。其实，同门之间，甚至同年级的博士生同学之间，还是很好相处的。读博这事儿，并不是同门或者同学相互竞争。大家研究的课题完全不同，投稿的期刊也基本没啥交集，未来的职业规划更是不可能冲突。甚至在毕业 N 年后还可以互帮互助(比如我在写作本书的过程中就可以去采访我的同学们)。这么美好的同学情谊当然值得珍惜啊！当然，话又说回来，美好的同学情谊是需要礼尚往来的。现实中的德文同学，曾经吃掉了我好多好多核桃！我从北京稻香村提回来一大口袋核桃之后，德文同学兴冲冲地奉献了一个核桃夹子。然后，我就一天天地瞅着那袋子核桃越来越少，他的毕业论文越来越长……

Q：常有余教授这样的好导师在现实中存在吗？

A：存在，而且很多很多，尽管，本书中有余教授性格是略做了美化的。现实中的好导师完全可能一边教育学生一边感叹："你咋就这么不开窍！""你是我教过的最差的一个！"（悄悄地讲，我读书那会儿也没少惹我导师生气。具体原因就不细说了哈。）

Q：本书当中的这么多"坑"，发生的概率会有多少？

A：别紧张，虽然我在书中写了这么多坑，但正如我在第一个问题当中表示的，这些坑实际上是汇总了我自己的经历、我目睹的一众博士生的经历以及我数十位采访对象的经历编纂而成，怎么可能同时发生在一个人身上呢！或者，换个角度讲，假设你以一己之力踩完了这么多人实践多年才能踩完的坑，那么，你能取得的学术成就，也很可能是这么多人的总和啦。毕竟，套用一句俗语，"不做不错，做多错多"。遇到的坑多，只能说明你在学术领域无比勤奋！

Q：你写了读博可能遇到的那么多坑，就不怕这本书出版后直接劝退一批本来想读博的小朋友吗？

A：不怕！真正热爱学术的小朋友是我劝不退的！正如本书写作过程中我的一众采访对象都是劝不退的！

Q：最后一个问题，你的博导朋友们对本书评价如何？

A：他们纷纷谴责我不务正业居然闲到去写话本子，有那时间咋不去申请个国家社会科学基金项目……

图书在版编目(CIP)数据

三花同学读博记：从报考到毕业的实践指引／赵海乐著. -- 北京：北京大学出版社，2024.8. -- ISBN 978-7-301-35179-6

Ⅰ. G643.7

中国国家版本馆 CIP 数据核字第 2024RW4630 号

书　　　　名	三花同学读博记：从报考到毕业的实践指引
	SANHUA TONGXUE DUBO JI：CONG BAOKAO DAO BIYE
	DE SHIJIAN ZHIYIN
著作责任者	赵海乐　著
责 任 编 辑	方尔埼
标 准 书 号	ISBN 978-7-301-35179-6
出 版 发 行	北京大学出版社
地　　　　址	北京市海淀区成府路 205 号　100871
网　　　　址	http://www.pup.cn　http://www.yandayuanzhao.com
电 子 邮 箱	编辑部 yandayuanzhao@pup.cn　总编室 zpup@pup.cn
新 浪 微 博	@北京大学出版社　@北大出版社燕大元照法律图书
电　　　　话	邮购部 010-62752015　发行部 010-62750672
	编辑部 010-62117788
印 刷 者	大厂回族自治县彩虹印刷有限公司
经 销 者	新华书店
	880 毫米×1230 毫米　A5　9.875 印张　203 千字
	2024 年 8 月第 1 版　2024 年 8 月第 1 次印刷
定　　　　价	58.00 元

未经许可，不得以任何方式复制或抄袭本书之部分或全部内容。

版权所有，侵权必究

举报电话：010-62752024　电子邮箱：fd@pup.cn

图书如有印装质量问题，请与出版部联系，电话：010-62756370